narr **STARTER**

Ricardo Römhild

Global Citizenship Education im Fremdsprachenunterricht

Bibliografische Information der Deutschen Nationalbibliothek
Die Deutsche Nationalbibliothek verzeichnet diese Publikation in der Deutschen Nationalbibliografie; detaillierte bibliografische Daten sind im Internet über http://dnb.dnb.de abrufbar.

DOI: https://doi.org/10.24053/9783381106226

Dischingerweg 5 · D-72070 Tübingen

Internet: www.narr.de
eMail: info@narr.de

Satz: typoscript GmbH, Walddorfhäslach
CPI books GmbH, Leck

ISSN 2509-6036
ISBN 978-3-381-10621-9 (Print)
ISBN 978-3-381-10622-6 (ePDF)

Inhalt

Einleitung 9

Teil I: Grundlagen 13

1. *Global Citizenship Education*: Definitionen, Gegenstände, Ziele 14

1.1 Ein Blick auf das „Was“: *Global*, *Citizenship*, *Education* 14
1.2 Ein Blick auf das „Was nicht“: Abgrenzung zu *Global Education* 18
1.3 Ein Blick auf das „Wie“: Aktuelle Gegenstände und Ansätze 19
1.4 Ein Blick auf das „Wozu“: Ziele von GCE (im Fremdsprachenunterricht) 22
Aufgabe 23
Empfehlungen zum Weiterlesen 25

2. GCE-Typologien – Ein Diskursüberblick 26

2.1 Neoliberale Ausrichtungen von GCE 26
2.2 Liberale Ausrichtungen von GCE 28
2.3 Kritische Ausrichtungen von GCE 29
2.4 Schnittstellen und die Arbeit mit diesem Überblick im Kontext der Fremdsprachendidaktik 31
Aufgabe 33
Empfehlungen zum Weiterlesen 34

3. *Soft* vs. *Critical* GCE – Eine elementare Unterscheidung 35

3.1 Inhaltsleere und Normativität: GCE als Slogan, GCE als Indoktrinierung 35
3.2 *Soft* GCE: Ansätze, Ziele und Kritik 37
3.3 *Critical* GCE: Ansätze, Ziele und Kritik ... 39
3.4 Ausblick: Kritische GCE im Fremdsprachenunterricht 41
Aufgabe 42
Empfehlungen zum Weiterlesen 43

Teil II: Gegenstände 44

4. Fokus: GCE und Bildung für nachhaltige Entwicklung im fremdsprachlichen Unterricht 45

4.1 GCE, BNE, SDGs: Zusammenhänge 45
4.2 *Environmental Global Citizenships*: Vom Singular zum Plural, vom Nomen zum Verb 49
4.3 *Human Rights Education*: Ein zentraler Pfeiler von GCE 53
4.4 Ein Ausblick: *Hopeful Language Education* . 55
Aufgabe 57
Empfehlungen zum Weiterlesen 58

5. Fokus: GCE und kulturelles Lernen im Fremdsprachenunterricht 60

5.1 Kosmopolitische Zugänge zum kulturellen Lernen 60
5.2 Konzentrische Kreise: Verschiedene Formen und Ebenen der Zugehörigkeit 66

5.3 Moral und Werteorientierung in kosmopolitischer Bildung 67
5.4 Anwendungsbereiche im Fremdsprachenunterricht 69
Aufgabe 71
Empfehlungen zum Weiterlesen 72

Teil III: Unterrichtspraxis 74

6. Implikationen für ein GCE-Curriculum 75

6.1 Alle für alle: *Whole School Approach* und Interdisziplinarität 75
6.2 Thematisches und projektbasiertes Lernen im Fremdsprachenunterricht 78
Aufgabe 81
Empfehlung zum Weiterlesen 82

7. Ansätze zur unterrichtlichen Umsetzung 84

7.1 GCE und aufgabenbasiertes Fremdsprachenlehren und -lernen 84
7.2 Kritische Pädagogik: *Problem-posing, problem-solving* 86
7.3 Das Spiel zwischen Selbst und Welt: *The walk within, the journey outside* 88
Aufgabe 91
Empfehlungen zum Weiterlesen 92

Ein Paradigmenwechsel zur *Global Citizenship Education*? - Zusammenfassung und Ausblick 94

Literaturnachweise 96

Einleitung

Globale Herausforderungen erfordern globale Lösungsansätze. Deshalb muss Bildung die nächsten Generationen in die Lage versetzen, den vielfältigen Herausforderungen der Gegenwart und der Zukunft begegnen zu können. Dabei geht es indes längst nicht mehr nur um die Aneignung oder Vermittlung von Wissen und Fähigkeiten – vielmehr sind ganzheitlichere Ansätze nötig, die Wissen über Wissen, den Umgang mit Unsicherheiten und Risiken, die Ausbildung von Resilienz und die Verbindung zwischen der eigenen Persönlichkeit und der Welt fokussieren.

Der Begriff *Global Citizenship Education* (GCE) gewinnt in diesem Kontext immer mehr an Relevanz: Seit der Berücksichtigung im Nachhaltigkeitsziel 4.7 der Vereinten Nationen (UN 2015) ist GCE ein Teil dessen, was qualitativ hochwertige Bildung ausmacht. Damit wird GCE zur Querschnittsaufgabe aller schulischen Fächer, also auch der Fremdsprachen. Allerdings gestaltet sich eine einheitliche Definition dessen, um was es sich hierbei handelt, als äußerst schwierig: Zu vielstimmig sind die mit GCE verbundenen Diskurse, zu divers die Konzeptionen und assoziierten Zielstellungen, zu dynamisch das Feld an sich.

Torres (2017) beschreibt GCE als zukunftsgerichteten Rahmen für das Allgemeinwohl. Gaudelli (2016) denkt bei GCE in Anlehnung an UNESCO (2015) an einen weitreichenden bildungsphilosophischen Diskurs und damit affiliierte Praktiken, die im Kern darauf abzielen, junge Menschen zum Lernen über globale Abhängigkeiten und Verbindungen anzuregen, die Ungerechtigkeiten, ökologische Zerstörung und sozio-kulturelle Diversität miteinander verknüpfen. Wintersteiner wiederum schlägt folgende Definition vor:

> Global Citizenship Education [...] ist zunächst eine bestimmte Perspektive auf Bildung (global), verbunden mit einer bestimmten Werthaltung (globale Gerechtigkeit) und einem Bildungsziel (global citizens). Es ist der Vorschlag für ein Bildungs-Paradigma, wenn man [GCE] im weiten Sinn versteht, und zugleich ein konkreter Bildungsinhalt, was [GCE] im engeren Sinn betrifft. (Wintersteiner 2021: 10)

Bei aller terminologischen Weite wird in diesen Definitionen die Zielsetzung von GCE dennoch deutlich: GCE rückt die sozialen Ziele von Bildung in den Vordergrund; es geht darum, auf ein friedliches, harmonisches, nachhaltiges und vor allem gerechtes Zusammenleben hinzuarbeiten.

Auch vor dem Hintergrund der konzeptionellen Weite des Begriffs ist die Überführung von GCE in die Fremdsprachendidaktik keine leichte Aufgabe. Dabei existieren zahlreiche Anknüpfungspunkte zwischen GCE und Fremdsprachenlernen mit dem ausgewiesenen Fokus auf Literaturen, Kulturen und Sprachen, z. B. im Kontext des kulturellen Lernens oder des Ausbildens von Diskursfähigkeit und kommunikativer Partizipationsfähigkeit, bei Fragen rund um Nachhaltigkeit, Postkolonialismus und Dekolonisierung oder rassismuskritischem Fremdsprachenunterricht.

Da sich der fremdsprachendidaktische Diskurs erst seit Kurzem mit GCE auseinandersetzt, wurden diese vielfältigen Verbindungen bis dato noch nicht systematisch aufgearbeitet. Interessierten Studierenden, Referendar:innen oder Lehrkräften bleibt so ein mühsames Einarbeiten, bei dem die extreme Komplexität des Themas mögliche Einstiegspunkte verdeckt, nicht erspart.

Hierbei bietet dieser Band Hilfe und Orientierung: In drei übergeordneten Teilen und sieben Kapiteln führt er in das Thema ein und bietet einen schnellen Ein- und Überblick. Im ersten Teil werden Grundlagen diskutiert, die in den weiteren Teilen eine fokussierte Thematisierung von GCE aus fremdsprachendidaktischer Perspektive ermöglichen. **Kapitel 1** beschäftigt sich mit Definitionen, Gegenständen und Zielstellungen von GCE. **Kapitel 2** liefert darauf aufbauend einen Diskursüberblick, der neoliberale, liberale und kritische Ausrichtungen der GCE voneinander unterscheidet. In **Kapitel 3** wird eine elementare Unterscheidung zwischen *soft* GCE und *critical* GCE thematisiert. Hier wird auch der Frage nachgegangen, ob es sich bei GCE um ein indoktrinierendes Paradigma handelt.

Der zweite Teil widmet sich in Form von zwei Fokuskapiteln Gegenständen der GCE, die im Kontext des fremdsprachlichen Lernens besondere Relevanz haben. Mit Blick auf Schnittstellen zwischen GCE und Bildung für nachhaltige Entwicklung (BNE) wird in **Kapitel 4** die Rolle des sprachlichen Lernens vor dem Hintergrund von Menschenrechtserziehung und einer Pädagogik der Hoffnung diskutiert. **Kapitel 5** stellt im Rahmen des kulturellen Lernens im Fremdsprachenunterricht eine kosmopolitische Ausrichtung von GCE in den Vordergrund der Diskussion.

Der dritte Teil schließt diesen Band mit zwei Kapiteln zur unterrichtlichen Praxis ab, in welchen konkrete Überlegungen zur Einbettung von GCE in den Schulalltag angestellt werden. **Kapitel 6** bewegt sich auf einer curricularen und strukturellen Ebene und fragt nach der Rolle der fremdsprachlichen Fächer als Teil der Schulgemeinschaft. **Kapitel 7** schlägt generelle Prinzipien und konkrete Ansätze vor, die in der Unterrichtsplanung und -ausrichtung denkbar wären, um GCE umzusetzen.

Während der GCE-Diskurs – wie der Begriff selbst bereits suggeriert – hauptsächlich auf Englisch geführt wird, sind die hier diskutierten Themen für alle Fächer der sprachlichen Bildung relevant. Die zur Illustration herangezogenen Beispiele reflektieren und verdeutlichen dies, und auch die angebotenen Aktivitäten können entsprechend Anwendung in unterschiedlichen Sprachkontexten finden. Jedes Kapitel beinhaltet eine Aktivität, die zur weiteren Beschäftigung mit dem Thema auf einer ganz persönlichen Ebene einlädt. Darüber hinaus werden am Ende eines jeden Kapitels Hinweise auf weiterführende Literatur gegeben, die die aufgegriffenen und angerissenen Themen vertiefend diskutiert.

Teil I: Grundlagen

Die Diskussion von *Global Citizenship Education* im Kontext des Fremdsprachenunterrichts setzt einige Grundlagen voraus, die in diesem Teil des Bandes thematisiert werden. Kapitel 1 beschäftigt sich mit Definitionen zentraler Begriffe sowie mit Gegenständen und Zielen von GCE aus allgemeiner Bildungsperspektive. Kapitel 2 liefert einen Diskursüberblick, indem es drei größere Strömungen bzw. Ausrichtungen von GCE voneinander abgrenzt und in Beziehung setzt. Kapitel 3 fokussiert dann die fundamentale Unterscheidung zwischen *soft* und *critical* GCE. Damit schaffen die Kapitel dieses Teils die Voraussetzungen für die Anwendung eines genuin sprachdidaktischen Blicks auf GCE in den Teilen II und III.

1 *Global Citizenship Education*: Definitionen, Gegenstände, Ziele

Definitionen von *Global Citizenship Education* werden von zahlreichen Organisationen und Forschenden vorgeschlagen, unter anderem von Oxfam (2015), im Kontext der sog. *Maastricht Global Education Declaration* (O'Loughlin/Wigamont 2002) oder von UNESCO (2014). Dabei entzieht sich der Begriff allerdings jeglichen Versuchen einer klaren Definition. Das Einzige, was im Diskurs um GCE klar und eindeutig scheint, ist, dass es keine einheitliche Definition gibt (vgl. Peters/Britton/Blee 2008: 11). Entsprechend kann es auch keine einheitliche Definition dessen gegeben, wer oder was ein *global citizen* ist. Um eine zielgerichtete Diskussion von GCE aus fremdsprachendidaktischer Perspektive zu ermöglichen, bespricht dieses Kapitel, was mit GCE gemeint ist und warum es sich um einen solch weiten Begriff handelt, was mit GCE nicht gemeint ist, welche aktuellen Ansätze GCE charakterisieren und welche Ziele GCE verfolgt. Hierbei wird bereits ein erster Blick auf fremdsprachenspezifische Ziele geworden.

1.1 Ein Blick auf das „Was“: *Global, Citizenship, Education*

Um sich einer Idee davon zu nähern, was GCE ist, lohnt es sich, einen genaueren Blick auf die einzelnen begrifflichen Komponenten zu werfen: *global*, *citizenship*, und *education*. Dabei gilt zu beachten, dass alle drei Konzepte an sich umstritten sind. Alle bilden das Zentrum ihres eigenen, weitreichenden Diskurses und auch ihre unterschiedlichen Konstellationen, z. B. *citizenship education* oder *global citizenship* sind Gegenstände kontrovers geführter Debatten und immer offen für Interpretation.

global

Auf einer niederschwelligen Ebene trägt ‚global‘ zunächst geographische Bedeutung im Sinne von Menschen und Orten auf der ganzen Welt betreffend. Sant, Davies, Pashby und Shultz (2019: 3) warnen allerdings angesichts einer weiteren Ebene, die Ebene der Globalisierung, davor, ‚global‘ rein deskriptiv zu verstehen. Durch das Konzept der Globalisierung gelesen, so die Autor:innen, könnte ‚global‘ auch bedeuten, dass Beziehungen von Individuen zu Nationalstaaten sowie Beziehungen unter Nationalstaaten weitaus tiefgreifender transformiert wurden als es bspw. der Begriff ‚international‘ mit seiner Betonung der Verbindung zwischen Staaten suggerieren würde. In einem solchen Verständnis umfasst ‚global‘ ökonomische, soziale, ökologische und politische Dimensionen, die es nötig machen, Ideen und Sprachen zu entwickeln, um auf verschiedenen Ebenen (d. h. *multiscalar*) miteinander zu kooperieren und zu leben.

citizenship

Der Begriff *citizenship* lässt sich ohne Verlust seiner nuancierten Bedeutungen nicht ins Deutsche übersetzen. Zwar ist damit unter anderem auch eine Art Staatszugehörigkeit gemeint, jedoch stößt diese Übersetzung mit Blick auf die weiteren Bedeutungen an ihre Grenzen. Schattle (2012: 4) unterscheidet drei Verständnisse von *citizenship*:

- Ein *civic understanding* (staatsbürgerlich/gesellschaftlich) beschreibt den formalen legalen und politischen Status eines Individuums als Teil eines Nationalstaates, welcher mit bestimmten Rechten und Pflichten verbunden ist, die die Beziehung zwischen Individuen und deren zahlreichen sozialen Zugehörigkeiten definieren. Zum Beispiel ist eine Person mit einem deutschen Pass zugleich EU-Bürger:in und genießt damit einhergehend bestimmte Rechte (z. B. freies Reisen im Schengen-Raum) aber auch Pflichten (z. B. die Achtung von nationalen und europäischen Gesetzen). In der Kombination mit *global* müsste man in diesem Sinne von einer Art Weltnation sprechen, was nicht nur politisch schwierig wäre.
- Ein *identity understanding* (identitätsbezogen) beschreibt ein Zugehörigkeitsgefühl, Loyalität und Identität im Zusammenhang mit sozialen Gruppen auf der Grundlage geteilter Werte und Erfahrungen. So könnte sich eine Person in erster Linie Menschen zugehörig fühlen, die den gleichen Interessen nachgehen, die gleiche Musik hören oder Fans eines bestimmten Sportteams sind. Im Zusammenhang mit *global* würde man von einem Gefühl der Zugehörigkeit und Loyalität der ganzen Welt gegenüber sprechen, wobei die Reichweite dieser Zugehörigkeit definiert werden müsste – betrifft sie die gesamte Menschheit, den Planeten?
- Ein *performative understanding* (performativ) beschreibt *citizenship* als (demokratische) Ermächtigung oder Aneignung, als Teilhabe und hebt eine prozedurale Qualität im Konzept hervor: *citizenship* als performativer Akt. In diesem Verständnis ist *citizenship* nicht mehr nur als Nomen, sondern auch als Verb gebraucht: *Citizenship* wird ausgeübt, wenn man sich an sozialen Prozessen

beteiligt. In globaler Perspektive wären damit Prozesse und Bewegungen gemeint, die global wirksam sind – die Beteiligung an einer Model-UN-Arbeitsgemeinschaft in der Schule oder der echten UN; oder die Teilnahme an weltweiten Klimaprotesten.

education

Mit *education* verhält es sich im Vergleich zur Übersetzungsschwierigkeit von *citizenship* mitunter umgekehrt: Hier wird die englische Sprache einigen Nuancen nicht gerecht, die z. B. dem deutschen Bildungsbegriff oder dem dänischen *dannelse* inhärent sind. Sant et al. (2019: 6) schlagen vor, *education* als die Mittel und Wege des Lernens zu verstehen („the means by which we learn“). Der deutsche Begriff ‚Bildung‘ (im Humboldt'schen Sinne) und das dänische *dannelse* dahingegen erreichen eine philosophisch tiefere Ebene, indem sie Lernen als Menschwerdung begreifen. Hier wird davon ausgegangen, dass Menschen nicht notwendigerweise vorherbestimmte Wesen sind, sondern das Potential haben, sich intellektuell zu entwickeln oder zu formen (Beck 2023: 10). Mit Blick auf *global*, *citizenship* und *global citizenship* stellt sich dann die Frage danach, was genau diese Menschwerdung im Sinne der GCE beinhaltet. Während sich der Rest des Bandes eingehender mit dieser Frage beschäftigt, thematisiert der nächste Abschnitt zunächst, was nicht mit GCE gemeint ist.

1.2 Ein Blick auf das „Was nicht“: Abgrenzung zu *Global Education*

Der Begriff GCE hat erst vor relativ Kurzem Einzug in den deutschen fremdsprachendidaktischen Diskurs gehalten (s. Römhild 2021; Freitag-Hild 2022; Lütge/Merse/Rauschert 2022; Römhild/Gaudelli 2022; sowie die Beiträge in Römhild/Marxl/Siepmann/Matz 2023). Dahingegen ist der Begriff *global education* bereits länger geläufig (s. Mayer/Wilson 2006; Lütge 2015 a/b) und wird häufig in Verbindung mit Cates' (2004) grundlegender Definition der vier Dimensionen globalen Lernens (Wissen, Fähigkeiten/Fertigkeiten, Einstellungen/Haltungen, Handlung) verwendet.

Um die Jahrtausendwende identifizierte Pike (2000: 64) zwei Pole auf dem Kontinuum des globalen Lernens: An einem Ende liegt eine weite, geographische Perspektive, um Lernende im Sinne der Wettbewerbsfähigkeit auf globalen Märkten vorzubereiten. Auf der anderen Seite liegt die grundsätzliche Neubewertung von Inhalten und Zwecken schulischer Bildung im Sinne einer transformativen Vision dessen, was Bildung im planetaren Kontext leisten könnte. Ähnlich äußert sich Richardson, wenn er schreibt:

> The term 'global education' is as good as any to evoke the whole field. [...] It implies a focus on many different, though overlapping levels from very local and immediate to the vast realities named with phrases such as 'world society' and 'global village'. It implies also a holistic view of education, with a concern for children's emotions, relationships and sense of personal identity as well as with information and knowledge. (zitiert nach Ballin/Griffin 1999:1)

Auch mehr als 20 Jahre nach dieser Feststellung, dass der Begriff *global education* eigentlich das gesamte Feld der relevanten Bildungsansätze abdeckt, bleibt es ein unscharfer Sammelbegriff, zu weit um als robuster, richtungsweisender Rahmen für pädagogische Ansätze zu dienen. Globales Lernen scheint sich in verschiedene Denkrichtungen und Ansätze aufzuteilen, von denen einige den Status quo reproduzieren, indem sie innerhalb der konzeptionellen Grenzen des 20. Jahrhunderts und national-fokussierter Pädagogik bleiben, während andere eben diesen Status quo durch transformative Pädagogik zu überwinden versuchen – darunter auch *global citizenship education*. Davies (2006: 6) argumentiert, dass GCE Fragen der sozialen Gerechtigkeit eher wahr- und ernst nimmt als *global education*, welche sich primär um die Schaffung eines globalen Bewusstseins oder das Streben danach, ein besserer Mensch zu sein, dreht. Diese seichte oder weiche (*shallow*; *soft* im anglophonen Diskurs) Ausrichtung des globalen Lernens sieht sich zunehmend mit Kritik konfrontiert, welche den Mangel an einer kohärenten Konzeption betont. Globales Lernen, so Gaudelli (2016: 36), verkomme so eher zu einem bedeutungsleeren Slogan als zu einer Art und Weise, Bildung und Curriculum zu organisieren. Dass GCE bei aller notwendigen und berechtigten Kritik (siehe Kapitel 2 und 3) über den Status eines Slogans weit hinausgeht, zeigen aktuell diskutierte Themen, Gegenstände und Ansätze im Diskurs.

1.3 Ein Blick auf das „Wie“: Aktuelle Gegenstände und Ansätze

Als bildungsphilosophischer Diskurs umfasst GCE ein breites Spektrum an Denkrichtungen, Ansätzen und Untersuchungsgegenständen. Dabei wird deutlich, dass es sich um einen Begriff und Diskurs handelt, der zwar in den Sozialwissenschaften seinen Ursprung nahm, schnell aber auch verwandte Bereiche und Disziplinen erreichte. Vor dem Hintergrund der Vielfältigkeit aktueller GCE-Forschung kann dieses Unterkapitel keinen umfassenden Überblick leisten. Die hier beispielhaft aufgeführten Felder vermögen aber aufzuzeigen, dass mit GCE durchaus ambitionierte, transformatorische und tiefgreifende Perspektiven und Bildungsziele verbunden sind.

Interkulturelle Kommunikation

Erfolgreiche Kommunikation über verschiedene Ebenen der Zugehörigkeit hinweg – sei es lokal, national, global oder andere – gilt als elementare Gelingensbedingung im Rahmen der GCE. Hieran wird bereits die Bedeutung sprachlichen Lernens für GCE deutlich (s. auch Kapitel 1.4). Diese Verbindung rückt zunehmend in den Fokus der Forschung (z. B. Cates 2022; Lütge et al. 2022; Römhild 2023 a; Römhild et al. 2023).

Ökologische Nachhaltigkeit

Aufgrund der immensen Schnittmenge zwischen Fragen der GCE und der ökologischen Nachhaltigkeit bzw. Bildung für nachhaltige Entwicklung existiert mit der sogenannten *ecopedagogy* (im deutschen Kontext ist auch von Ökopädagogik oder *ecodidactics* die Rede) ein weiter Forschungszweig, der sich unter anderem damit auseinandersetzt, was ‚Entwicklung' in ‚Bildung für nachhaltige Entwicklung' bedeutet, wem man sich im Sinne von ökologischer Nachhaltigkeit zugehörig fühlen kann und sollte (*global*, *planetary*, *environ-*

mental citizenships) und wie entsprechende Pädagogik gedacht und umgesetzt werden müsste (z. B. Misiaszek 2022).

Digital citizenships und Medienbildung

Mit Blick auf die Digitalisierung, einer weiteren zentralen Dynamik der Gegenwart und Zukunft, widmen sich Forschende und praktizierende Lehrende Fragen der *digital citizenship* sowie der Konturierung und Ausgestaltung von Pädagogik, die die neuesten Entwicklungen zum Anlass nimmt, Lernende auf ein Leben als *global digital citizens* vorzubereiten (z. B. Lütge/Merse 2022). Darüber hinaus informieren GCE-Perspektiven neueste Ansätze im Bereich der *critical media literacy* (Kellner/Share 2019) und *ecomedia literacy* (López 2021).

Kosmopolitismus

Würde man *global citizenship* wörtlich ins Deutsche übersetzen, lautete es Weltenbürgertum, also Kosmopolitismus. Auch zwischen diesen philosophischen Denkrichtungen, also Kosmopolitanismus und *Global Citizenship Education*, existieren so große Schnittmengen – u. a. in den Prämissen, grundlegenden Konzepten und Ziel(-vor-)stellungen, dass sich ein eigener Forschungszweig herausgebildet hat, der sich um kosmopolitische Orientierungen der GCE dreht (s. auch Kapitel 2). Jüngste Ansätze untersuchen etwa Kosmopolitismus als Gegenkonstrukt zu Nationalismus (Starkey 2022, 2023), die Potentiale von Menschenrechtserziehung für *cosmopolitan citizenship education* (Osler/Starkey 2018) oder kosmopolitische Perspektiven auf den Fremdsprachenunterricht (Römhild et al. 2023).

Dekolonialisierung und das Erbe der Moderne

Aufbauend auf postkolonialen Perspektiven – aber diese auch stark erweiternd – adressieren immer mehr Forschende sozialkritische Fragen, die auf Dekolonialisierung (z. B. Shultz 2021) und die Überwindung der Moderne abzielen (z. B. Stein/Andreotti 2021). Dabei werfen sie auch einen kritischen Blick auf den GCE-Diskurs und damit assoziierte Praktiken selbst (s. Kapitel 2 und 3).

Werte und Ethik

In einem stark normativen Diskurs wie GCE sind auch Fragen rund um Werte und Ethik vertreten (z. B. Bosio/ Waghid 2023). Dabei wird der Blick sowohl auf wertorientierte Inhalte von GCE, aber auch auf mögliche Kritik an existierenden Praktiken geworfen, vor allem mit Blick auf das Zusammenleben in diversen und ungleichen Gesellschaften (z. B. Tarozzi 2021)

1.4 Ein Blick auf das „Wozu": Ziele von GCE (im Fremdsprachenunterricht)

Das Kapitel endet, wie es begann, mit schwierigen bis unmöglichen Definitionen. Die Sektionen in diesem Kapitel haben gezeigt, dass es sich bei GCE um einen extrem weiten Diskurs handelt, der eine ganze Reihe unterschiedlicher, sich teils konträr gegenüberstehender Perspektiven beheimatet – Kapitel 2 wird diesen Eindruck bestätigen und erhärten. Je nachdem, welche Brille man aufsetzt, sind die Ziele von GCE und damit, was es heißt, ein *global citizen* zu sein, unterschiedlich zu identifizieren. Ist man ein *global citizen*, wenn man erfolgreich als Konsument an den globalen Märkten und ökonomischen Wettbewerben teilnimmt? Ist man dann ein *global citizen*, wenn man sich für die Umwelt einsetzt oder wenn man sich für die Rechte der sozio-ökologisch benachteiligten Bevölkerung einsetzt?

Was es letztlich auch ist, das eine Person als *global citizen* charakterisiert – Kommunikation ist der Schlüssel zu all diesen Definitionen (vgl. Mesa 2023: 35). Aus fremdsprachendidaktischer Sicht darf also argumentiert werden, dass (interkulturelle) Kommunikation (s. Kapitel 5), Dialog, Argumentation und die Fähigkeit, an globalen Diskursen teilzuhaben (also: Diskursfähigkeit), ganz zentrale Ziele eines GCE-informierten Fremdsprachenunterrichts sind.

Aufgabe

Everyday Transcendence: Global Spaces in Local Places

Gaudelli (2016) spricht von der Alltäglichkeit des Globalen oder, in anderen Worten, von einer alltäglichen Transzendenz (*everyday transcendence*) des Globalen. Die Idee ist, dass das Globale ein fester Bestandteil des alltäglichen Lebens eines jeden Menschen ist – ob wir das wollen oder nicht, ob wir uns dessen bewusst sind oder nicht. Die folgende Aufgabe soll dem Prozess der Bewusstwerdung unterstützen. Sie kann Ihnen dabei helfen, die grundsätzlichen Prämissen der GCE zu reflektieren. Die Aufgabe kann aber auch im Unterricht eingesetzt werden, um über das Zusammenspiel von Globalem und Lokalem ins Gespräch zu kommen.

Suchen Sie sich ein Gegenüber für diese Übung.

a) Identifizieren Sie Orte in Ihrer alltäglichen Umgebung, in der Ihrer Meinung nach die Alltäglichkeit des Globalen erkennbar und spürbar ist.

b) Beschreiben Sie Ihrem Gegenüber diesen Ort und begründen Sie warum Sie diesen Ort für einen *global space in a local place* – einen globalen Ort im Lokalen – halten (siehe mögliche Leitfragen unten). Eventuell ist es sogar möglich, diesen Ort für das Gespräch zu besuchen.
c) Lassen Sie sich Ihrem Gegenüber deren globalen Ort beschreiben und versuchen Sie aktiv, zu verstehen, warum dieser Ort in den Augen Ihres Gegenübers globale Relevanz hat. Vielleicht ist es auch hier möglich, den Ort für dieses Gespräch zu besuchen.
d) Tauschen Sie sich über diese Erfahrung miteinander aus. Optional: Inwiefern beeinflusst die Erfahrung des aktiven Austausches über *global spaces in local places* Ihre zukünftige Lehre eines fremdsprachlichen Faches?

Mögliche Leitfragen:

– Was macht diesen Ort einen globalen Ort im Lokalen?
– Was ist das für ein Ort, wie ist Ihr Eindruck/Ihre Erfahrung?
– Wie unterscheidet sich diese Erfahrung von anderen Orten in Ihrer unmittelbaren, alltäglichen Umgebung?
– Wie unterscheidet sich die Erfahrung an diesem globalen Ort von anderen Erfahrungen / anderen globalen Orten, die Sie kennen, an denen Sie waren?

Empfehlungen zum Weiterlesen

Sant/Davies/Pashby/Schultz 2019. Global Citizenship Education. A Critical Introduction to Key Concepts and Debates.

Dieses Buch bietet eine leicht zugängliche Einführung zu GCE auf englischer Sprache, die in 21 kurzen Kapiteln zentrale Konzepte thematisiert und mithilfe von Aktivitäten zum Reflektieren einlädt.

Wintersteiner/Zelger 2021. Global Citizenship Education. Sonderausgabe der ide-Zeitschrift.

Hierbei handelt es sich um eine deutschsprachige Sammlung von kurzen Essays, die das Potential von GCE für den Deutschunterricht diskutieren und dabei immer wieder Anschlussmöglichkeiten für fremdsprachliche Fächer bieten.

2 GCE-Typologien – Ein Diskursüberblick

Eine zentrale Aussage des vorherigen Kapitels ist, dass GCE als Diskurs dermaßen weit und umfassend ist, dass einheitliche Definitionen nicht möglich sind, weder mit Blick auf GCE selbst, noch mit Blick darauf, was *global citizens* ausmacht. Es ist jedoch möglich, in existierenden Ansätzen, Perspektiven und Konzeptualisierungen nach Gemeinsamkeiten, Tendenzen und Denkmustern zu suchen. Die Autorinnen Pashby, da Costa, Stein und Andreotti (2020) sprechen auf Basis eines so entstandenen Meta-Reviews auf Grundlage von GCE-Typologien, die bis 2018 veröffentlicht wurden, von drei dominanten Orientierungen oder auch *visions* (sowie deren Schnittstellen), die im Folgenden vorgestellt werden: neoliberale, liberale und kritische GCE.

Jede dieser Orientierungen umfasst ihrerseits eine Reihe unterschiedlicher Ansätze und Praktiken, die aber in ihren grundlegenden Denkstrukturen und Zielen vergleichbar sind. Deshalb bietet jede Orientierung ihre ganz eigenen Perspektiven auf GCE und was es bedeutet, *global citizen* zu sein. Gleichwohl eröffnen sich an diesen *visions* auch Kritikpunkte, auf die hier auch eingegangen wird.

2.1 Neoliberale Ausrichtungen von GCE

Neoliberale Ausrichtungen beschreiben GCE aus einer ökonomischen Logik heraus. Aus dieser Perspektive dient Bildung einer humankapitalistischen Funktion (Andreotti 2014), die im Zusammenhang einer größeren (globalen)

Wissensgesellschaft steht, in welcher Expertise als Teil der individuellen und nationalen wirtschaftlichen Weiterentwicklung verhandelt wird. In anderen Worten: Wissen ist ökonomische Macht. Institutionalisierte Bildung wird vor diesem Hintergrund zur Aufgabe des neoliberalen Nationalstaates, welcher auf (inter-)nationale Wettbewerbsfähigkeit (Gaudelli 2009) und auf Performanzmaximierung seiner zukünftigen Bürger:innen im Sinne der Arbeitsmarktfähigkeit (Stein 2015) zielt. Lehr- und Bildungspläne sind durch Wettbewerb (Camicia/Franklin 2011), akademischen Nutzen (Gaudelli 2009) und Standardisierung (Camicia/Franklin 2011) sowie durch kompetenzorientierte Ansätze (Schattle 2008) motiviert und charakterisiert. In dieser Ausrichtung werden ideale Lernende als selbstmotiviert und unternehmerisch beschrieben (Camicia/Franklin 2011; Andreotti 2014). Globale Bildung dient der Vorbereitung auf den Arbeitsmarkt und ist in diesem Sinne ein gerngesehenes, wichtiges Element auf dem Lebenslauf (Schattle 2008; Oxley/Morris 2013).

Wie Pashby et al. (2020: 151) und zahlreiche andere Autor:innen hervorheben, sehen sich stark neoliberale Ausrichtungen anhaltender und tiefgreifender Kritik ausgesetzt. Diese zielt unter anderem ab auf die enge Verbindung zwischen kapitalistischen Wirtschaftssystemen, Nationalstaatlichkeit und ökologischer Zerstörung (Gaudelli 2009; Römhild/Gaudelli 2021; Starkey 2022, 2023), auf das ihnen zugrundeliegende Verständnis von Bildung (Osler/Starkey 2018; Beck 2023; Marxl/Römhild 2023 a), sowie auf die mit dieser Ausrichtung perpetuierten neokolonialen und imperialistischen Weltbildern und Machtgefällen (Andreotti 2014; Kramsch 2019; Heidt/Freitag-Hild 2023).

Insgesamt zeigt sich in der Meta-Review von Pashby et al. deutlich, dass neoliberale GCE die am häufigsten identifizierte, analysierte und kritisierte Ausrichtung von GCE ist. Es handelt sich im Vergleich zu liberalen und kritischen Ausrichtungen auch um die Orientierung, die am einheitlichsten beschrieben wird. Die hier besprochenen Merkmale von Bildung und *global citizens* finden sich in dieser oder sehr ähnlicher Form in zahlreichen Diskursbeiträgen und GCE-Programmen wieder.

2.2 Liberale Ausrichtungen von GCE

Während die neoliberalen Typen von GCE relativ einheitliche Beschreibungen innerhalb des Diskurses aufweisen, kann bei liberalen Ausrichtungen eher von einer Perspektivenpluralität gesprochen werden. Pashby et al. (2020: 151) heben hervor, dass insbesondere generelle Prinzipien wie Demokratie (Gaudelli 2009) und universelle Werte (Oxley/Morris 2013) in einer moralischen Gemeinschaft (Schattle 2008) bzw. in der Menschengemeinschaft (*common humanity*) (Andreotti 2014; Stein 2015) charakteristisch für liberale Orientierungen sind. Es werden liberale GCE-Ausrichtungen identifiziert, die Offenheit, Liebe und Fürsorge (Oxley/Morris 2013; Schattle 2008), gegenseitigen Respekt (Stein 2015) und kulturelle Gleichwertigkeit (Oxley/Morris 2013) als zentrale Schlüsselprinzipien postulieren. Darüber hinaus beschreibt Gaudelli (2009) eine kosmopolitische GCE, die den Blick auf die gesamte Menschheit mit einem Fokus auf gesellschaftliche, dialogische Prozesse wirft (s. auch Kapitel 5).

Im Bildungskontext findet sich diese Werteorientierung vor allem in kosmopolitischen Ausrichtungen wieder (z. B.

Römhild et al. 2023), die lokale und universale/globale Konzepte des Selbst, von Moral und von Gesellschaft miteinander in Beziehung setzen (Gaudelli 2009). Diese Orientierung materialisiert sich am deutlichsten in internationalen und nichtstaatlichen Organisationen wie den Vereinten Nationen, die darauf abzielen, internationale Einigungen zu erzielen.

Kritikpunkte an liberalen Ausrichtungen von GCE zielen häufig darauf ab, dass strukturelle Ungleichheiten und Ungleichverteilungen nicht wirkungsvoll adressiert werden und dass globale Beziehungen von individualistischen oder nationalstaatlichen Perspektiven aus betrachtet werden (Pashby et al. 2020: 151). Andreotti (2014) und Stein (2015) beschreiben diejenigen Ansätze als *soft*, die auf der Idee einer gemeinsamen Menschlichkeit (*common humanity)* und einem singulären Verständnis von Wachstum (man könnte sagen: „höher, schneller, weiter“) beruhen, welches auf Probleme sozialer Ungerechtigkeit fast ausschließlich mit Perspektiven aus dem westlichen Status quo oder dem Globalen Norden antwortet.

2.3 Kritische Ausrichtungen von GCE

Als dritte distinkte Orientierung von GCE in Forschung und Praxis identifizieren Pashby et al. (2020: 153) kritische GCE-Typen. Dabei handelt es sich im Gegensatz zu neoliberalen und liberalen Ausrichtungen allerdings weniger um ein (quasi) eigenständiges GCE-Feld, sondern vielmehr um kritische Ansätze innerhalb der Diskurse um neoliberale und liberale GCE sowie um kritische Perspektiven, die sich an den Schnittstellen verschiedener Diskurse verorten lassen. Grundsätzlich handelt es sich bei kritischen Orientierungen um GCE, die soziale Ungleichheit wahrnimmt, anerkennt, und adressiert (für eine detailliertere Diskussion s. Kapitel 3).

Kritische Ansätze in und zu GCE hinterfragen die Wurzeln gegenwärtiger eurozentrischer GCE und Kosmopolitismus (Stein 2015). Sie kritisieren dominante Machtstrukturen der Moderne (z. B. Kolonialismus; Nationalstaatlichkeit; Superkapitalismus) (Gaudelli 2009; Stein/Andreotti 2021) und thematisieren westliche Ausbeutung und Gewalt (Shultz 2007; Oxley/Morris 2013; Stein 2015). Gleichwohl beinhalten kritische Orientierungen das Anerkennen einer Komplizenschaft des Individuums in dieser Gewalt – im Sinne der Reflektion der eigenen Position in den dominanten Machtstrukturen und -systemen – und diskutieren alternative (nicht-westliche) Modelle von Entwicklung und Fortschritt (Andreotti 2014). Pashby et al. (2020: 153) identifizieren zwei wesentliche Trends in der Art und Weise, wie kritische Typen von GCE in der Literatur beschrieben werden. Zum einen meint ‚kritisch' jeden Ansatz, welcher den Status quo als problematisch beschreibt. Zum anderen weisen die meisten kritischen Ansätze eine starke Schnittmenge mit liberalen Orientierungen auf, das heißt, dass eine Werteorientierung häufig mitverhandelt wird.

In ihrer Diskussion von *Critical Democratic Cosmopolitanism* beziehen sich Camicia und Franklin (2011) auf Habermas' (1996) Idee der ‚deliberativen Demokratie', um *global citizens* zu beschreiben. Dialog und der öffentliche Diskurs stehen im Zentrum dieser Idee, sodass all jene als *global citizen* gelten würden, die über Dialog, Diskurs und Kommunikation nach einem echten, tiefen Verständnis anderer *global citizens* als Menschen streben – nicht jene, die sich strikt an strategischer, zielgerichteter und zweckgebundener Kommunikation orientieren, wie man sie etwa in der Wirtschaft und in neoliberalen GCE-Typen findet. Hier schwingt die Idee des Dialogischen und des kommunikativen Aushandelns mit, was wiederum die Signifikanz von Sprache für kritische und kosmopolitische Ausrichtungen von GCE betont. An diesem Beispiel zeigen Pashby et al. (2020: 154), wie die Schnittstellen auf ihrer ‚GCE-Typologien-Karte' funktionieren: Zwar hinterfragen *Critical Democratic Cosmopolitan*-Diskurse, wie sie von Camicia und Franklin (2011) typologisiert werden, den Status quo kritisch und thematisieren Machtfragen, gleichzeitig beruhen diese Ansätze aber auch auf existierenden Institutionen und Prozessen und könnten damit moderne, koloniale Denkmuster und Strukturen reproduzieren. Ähnlich kann für das Beispiel der *environmental citizenship* (z. B. Dobson 2003; Schattle 2008; Misiaszek 2016) argumentiert werden, welches in Kapitel 4 in den Fokus der Diskussion rückt.

2.4 Schnittstellen und die Arbeit mit diesem Überblick im Kontext der Fremdsprachendidaktik

Anhand der von Pashby et al. kartographierten Schnittstellen zwischen neoliberalen, liberalen und kritischen GCE-Typen lässt sich illustrieren, wie dieser Diskursüberblick fremdsprachendidaktische Arbeit bereichern kann. Zunächst ist die Arbeit für einen Überblick und Einstieg in GCE-Diskurse hilfreich. Darauf aufbauend können die eigenen (fremdsprachendidaktischen) Perspektiven auf GCE im Bedeutungsnetz des Diskurses verortet werden,

Beziehungen innerhalb des Diskurses ausgelotet und mögliche Anschlusspunkte eruiert werden. Denn in der Positionierung der eigenen Annahmen und Ideen und einem darauffolgenden Perspektivenwechsel lassen sich gegebenenfalls blinde Flecken, Schwachstellen aber auch Stärken der eigenen Argumentation identifizieren: Wie kritisch ist mein Ansatz tatsächlich aus Sicht einer transformatorischen GCE nach Shultz (2007)? Oder: Beinhaltet mein moralisch kosmopolitischer Zugang (Schattle 2008) nicht doch auch eine ökonomisch-motivierte Kompetenzorientierung?

Neben den drei offensichtlicheren Schnittstellen diskutieren Pashby et al. noch die neokonservative-neoliberale-liberale (2020: 153) sowie die kritische-postkritische (2020: 156) Schnittstelle. Während letztere in Kapitel 3 weitere Aufmerksamkeit erhält, ist mit Blick auf neokonservativ-neoliberal-liberale GCE-Ausrichtungen zu betonen, dass sich diese gegenwärtig an wachsendem Zulauf erfreuen und deshalb noch weiter erforscht werden müssen. Gemeint sind hier jene Orientierungen, die neoliberale Kompetenzorientierung mit einer Rückbesinnung auf traditionelle Fähigkeiten und Fertigkeiten verbinden, also zum Beispiel Lese-Rechtschreib- und Rechenfähigkeit (*literacy and numeracy*) (s. Schattle 2008). In ähnlicher Weise lässt sich die von Gaudelli (2009) beschriebene *National GC* in dieser Orientierung verorten, da sie den Nationalstaat wieder in das Zentrum neoliberaler Bestrebungen rückt: Teilhabe an globalen Märkten wird über den Nationalstaat gedacht, während internationale Beziehungen (liberal) als Teil der nationalen Sicherheit (neokonservativ) und als Sicherung des Zugangs zu diesen globalen Märkten gelten, z. B. in Form von Freihandelsabkommen.

Während hierzulande die starke Kompetenzorientierung der Lehrpläne für die Fremdsprachen sowie der Fokus auf die Entwicklung eines globalen Bewusstseins in den Präambeln der Bildungsstandards (KMK 2014) und der länderspezifischen Lehrpläne auf Formen neoliberal-informierter und *soft*er GCE hinweisen, sind liberale und kritische Ansätze bis dato noch kaum erforscht bzw. wurde deren Existenz in den Lehrplänen noch nicht hinreichend wissenschaftlich untersucht. Diese beiden Orientierungen erhalten deshalb in den folgenden Kapiteln mehr Aufmerksamkeit: Kapitel 3 widmet sich ausführlich kritischen GCE-Typen und schließt damit den ersten Teil dieses Bandes *Grundlagen* ab. Im weiteren Verlauf werden dann sowohl die liberal-kritische Schnittstelle im Zusammenhang mit *environmental* GCE (Kapitel 4) sowie kosmopolitische Zugänge (Kapitel 5) näher beleuchtet.

Aufgabe

Ich als citizen of the world

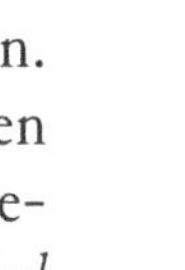

Identifizieren Sie, welche *citizenships* Sie in sich verbinden. Wem oder was fühlen Sie sich zugehörig (Personen, Gruppen in den sozialen Netzwerken, Sportvereinen; religiösen Gemeinden, Nationen, ...)? Welche Orientierung von *global citizenship* ist jeweils mit der Zugehörigkeit angesprochen: Handelt es sich um eine Gemeinschaft auf Grundlage gleicher Werte, des politischen Status, oder geht es um wirtschaftliche Interessen, ...?

Welche Rolle kommt dabei der Sprache zu? Ist sie Mittel zum Zweck (z. B. erfolgreiche Kommunikation auf dem Weltmarkt), dient sie der Persönlichkeitsentfaltung, sind über Sprache neue Perspektiven auf kulturelle Werte möglich und zugänglich, ...?

Empfehlungen zum Weiterlesen

Von den zahlreichen Typologien, die Pashby, da Costa, Stein und Andreotti für ihren Meta-Übersicht heranzogen, sind die folgenden beiden in besonderer Weise zugänglich geschrieben und bilden ihrerseits einen guten Überblick über unterschiedliche existierende Realisierungen von GCE-Ansätzen in Theorie und Praxis.

Gaudelli 2009. Heuristics of Global Citizenship Discourses towards Curriculum Enhancement.

Es handelt sich hierbei um eine Heuristik, die neoliberale, nationale, marxistische, kosmopolitische und *World Justice and Governance*-Zugänge zu GCE unterscheidet. Gaudelli diskutiert die unterschiedlichen Implikationen für das Curriculum, für das Individuum (*vision of citizen*) und die Gesellschaft (*vision of civic*).

Oxley/Morris 2013. Global Citizenship: A Typology for Distinguishing Its Multiple Conceptions.

Dies ist ein Artikel, der das Feld der GCE zwischen den zwei Konzeptionen *cosmopolitan GC* und *advocacy based GC* aufspannt, die je noch weiter ausdifferenziert werden. Das Ziel dieser Typologie ist die kritische Analyse von Lehr- und Bildungsplänen am Beispiel von *citizenship education* in England.

3 *Soft* vs. *Critical* GCE – Eine elementare Unterscheidung

Mit ihrer Unterscheidung von *soft* und *critical* GCE gelang Andreotti (2006) ein wegweisender Beitrag zur Ausdifferenzierung von GCE. Darüber hinaus ermöglicht diese Unterscheidung aber auch die Auseinandersetzung mit Kritikpunkten, die GCE als genereller Bildungsphilosophie häufig entgegengebracht werden, und welche ihr vor allem einen inhaltsleeren Idealismus sowie ein indoktrinierendes Maß an Normativität vorwerfen. Dieses Kapitel widmet sich den beiden Kritikpunkten und zeigt auf, wie Andreottis (2006) Unterscheidung dabei helfen kann, sich mit ihnen auseinanderzusetzen. Abschließend werden darauf aufbauend Perspektiven für den Fremdsprachenunterricht eröffnet, von denen einige im weiteren Verlauf des Bandes fokussierter betrachtet werden.

3.1 Inhaltsleere und Normativität: GCE als Slogan, GCE als Indoktrinierung

GCE ist normativ insofern, als es eine klare Werteorientierung beinhaltet, die Menschen dazu einlädt, wie Gaudelli (2016: 48) schreibt, „anders in der Welt zu sein und zu denken", und zwar in der Art und Weise, die nicht finanziell belohnt oder sozial gewürdigt wird. Damit ist GCE eng mit alltäglichen Praktiken und Denkmustern verbunden, die sie teils auch motiviert – diese Idee findet im Titel des Buches von Gaudelli (2016) Ausdruck: *Everyday Transcendence* (s. auch die Aufgabe in Kapitel 1). Die Ziele von GCE haben alltägliche Bedeutung, geht es doch um die Entwicklung eines Sinns für die globale Verwobenheit von Individuen durch die verschiedenen Beziehungen, die Menschen und ihre Um- und Mitwelten alltäglich miteinander vernetzen. In dieser Vorstellung ist ein gewisser Idealismus nicht von der Hand zu weisen – nicht umsonst wird GCE auch als *aspirational* (ambitioniert, zukunftsorientiert) beschrieben.

Diese idealistische Qualität in der GCE sorgt für Kritik, die insbesondere auf zwei mögliche Gefahren hinweist: erstens, dass GCE zu einem inhaltsleeren Slogan verkommt; zweitens, dass GCE Lernenden utopische Ideologien indoktriniert. Den ersten Kritikpunkt, GCE verkomme aufgrund ihrer Inhaltsleere zu einem Slogan (siehe auch die Abgrenzung von GCE und *global education* in Kapitel 1.2, wo diese Argumentation schon einmal diskutiert wurde – diese Parallele ist nicht zufällig), stellt bspw. Davies in ihren pointierten Fragen wie folgt dar:

> Man kann argumentieren, dass die Idee von ‚global citizenship' einfach eine Metapher sei, eine linguistische Laune, welche absichtlich eine nationalpolitische Wirklichkeit auf eine weitere Weltordnung transponiert. Wir können nicht in gleicher Weise Bürger:innen einer Welt sein wie wir Bürger:innen eines Landes sind (oder, im Falle einer immer größer werdenden Minderheit von staatenlosen Menschen, gern sein würden). Ist global citizenship also eine Fiktion, ein scheinbares Paradox oder Oxymoron? (2006: 5; übersetzt vom Autor)

Davies Frage zielt auf eine der GCE zugrundeliegenden Programmatik ab, die bei aller Ambition in der Breite des Diskurses zuweilen schwer zu identifizieren ist (s. Kapitel 2).

Darin könnte ein Teil der Antwort auf Davies' Frage liegen: Es kommt sicherlich darauf an, *welche* Art GCE gemeint ist. Ein weiterer Teil der Antwort auf ihre Frage könnte der Hinweis sein, dass es sich bei GCE um ein Projekt, um einen Prozess handelt, der Antworten auf die „Alltäglichkeit globalen Denkens" (Gaudelli 2016: 48) sucht, die uns bereits überall umgibt.

Damit wird allerdings der zweite Kritikpunkt, GCE würde potenziell utopische Ideologien verbreiten und lernende dahingehend indoktrinieren, noch nicht ausgeräumt. Es erscheint kurzsichtig, GCE generell unter den Verdacht der Indoktrinierung zu stellen. Bei beiden hier diskutierten Kritikpunkten kommt es immer darauf an, *welche* Orientierung von GCE genau gedacht und verfolgt wird: Bleibt Lernen auf einer oberflächlichen Ebene einer Art Eine-Welt-Vision (*one-world-ism*) oder erreichen die Lernprozesse tiefere, scharfkantigere und analytischere Ebenen der Auseinandersetzung mit sich selbst und der Welt? Andreottis (2006) Unterscheidung von *soft* und *critical* GCE ist in diesem Zusammenhang von elementarer Bedeutung.

3.2 *Soft* GCE: Ansätze, Ziele und Kritik

Mit ihrer Beschreibung von *soft* oder ‚weicher' GCE meint Andreotti (2006) vorrangig liberale Ausrichtungen, die existierende Machthierarchien zugunsten des Westens oder des Globalen Nordens auf einer Ebene von Werten und Moral perpetuieren. Allerdings lassen sich damit ebenso neoliberale Ausrichtungen ansprechen, die Systeme der Ausbeutung und Gewalt auf einer ökonomischen Ebene aufrechterhalten und reproduzieren.

In weichen GCE-Ansätzen werden Armut und Hilflosigkeit als Probleme identifiziert, die auf unzureichende Entwicklung und Bildung, einen Mangel an Ressourcen, Fähigkeiten, Kultur und Technologie zurückzuführen sind. In Abgrenzung dazu legitimieren bestimmte Menschen und Gesellschaften (der ‚Westen'; der ‚globale Norden') ihr Privileg über vorhandene und weitvorangeschrittene Entwicklung und Tradition, ein hohes Level an Bildung, Arbeitsethik, Organisation, und Technologie. Aus dieser privilegierten Position heraus entsteht eine Art Verantwortung für die anderen, um den weniger privilegierten Menschen und Gesellschaften beizubringen, wie man die Dinge besser macht. Man denke an Brunnenbau-Projekte im Trockengürtel der südlichen Sahara, die von Westlichen Sponsoren finanziert und von Westlichen Freiwilligen durchgeführt werden (Stichwort: *service learning*). Aus Sicht der Durchführenden sind die Handlungen aus humanitärer und moralischer Sicht begründet; Andreotti (2006: 47) identifiziert dahinterliegende normative Prinzipien als Antriebsmotoren für Handlung und Denken. Die Frage, für wen diese Handlungen gewinnbringend sind, kann unterschiedlich beantwortet werden: Zwar profitieren im Idealfall jene von den Maßnahmen, die vorher ‚unterentwickelt', ‚ungebildet', ‚unkultiviert', etc. waren (an diesen Beschreibungen wird die Problematik der ursprünglichen Motivation solcher Projekte deutlich). Allerdings lässt sich ebenso konstatieren, dass weiche GCE-Projekte und Programme häufig (und teilweise ausschließlich, wie Andreotti zu Beginn ihres Artikels beschreibt (2006: 40)) jenen zugutekommt, die sie initiieren und durchführen: Es geht um die Stärkung des Selbstwertgefühls, der Selbstgerechtigkeit und kulturellen Überlegenheit. Damit werden koloniale

Annahmen nicht nur verstärkt, sondern auch verfestigt und perpetuiert, was zu erhöhtem Privileg, zur teilweisen Entfremdung und zur unkritischen Handlung beiträgt (Andreotti 2006: 48). Vor diesem Hintergrund ist in diesen Ausrichtungen die Gefahr der Indoktrinierung im Sinne der Förderung einer unkritischen Sicht auf die Welt und bestehende Machtgefälle nicht von der Hand zu weisen. Gleichzeitig weist Andreotti (2006: 49) darauf hin, dass auch weiche GCE-Ausrichtungen in spezifischen Kontexten einen Schritt nach vorn bedeuten und deshalb nicht per se als problematisch abzutun sind: Sie bringen ein größeres Bewusstsein für globale Herausforderungen und mitunter eine stärkere Motivation zu helfen (Andreotti 2006: 48).

3.3 *Critical* GCE: Ansätze, Ziele und Kritik

Im Gegensatz zu weichen GCE-Ausrichtungen sind kritische Ansätze durch ein hohes Maß an Machtkritik und Reflexivität geprägt. Kritik meint hierbei nicht, dass etwas richtig oder falsch, wahr oder unwahr ist (Andreotti 2006: 49). Vielmehr geht es darum, die Ursprünge von Annahmen und Implikationen zu verstehen: Wieso wir auf die Art und Weise denken, sind, fühlen, handeln, wie wir es tun und welche Implikationen unsere Glaubenssysteme in lokalen/globalen Kontexten mit Blick auf Macht, soziale Beziehungen und die Verteilung von Arbeit und Ressourcen haben. Es geht also darum, den eigenen Platz und die eigene Rolle in Gesellschaften und Diskursen zu reflektieren.

Kritische GCE dreht sich um Gerechtigkeit und die Frage der Mittäter:innenschaft bei Unrecht, um verschiedene gleichwertige Konzepte von ‚Entwicklung' und ‚Fortschritt' sowie um alternative Möglichkeiten zur Bedeutungsschaffung. Kritische GCE hat das Ziel, zu Wandel und Transformation beizutragen, ohne Lernenden dabei zu sagen, was sie tun oder denken sollen. Stattdessen wird ihnen Raum für Analyse und Exploration anderer Formen des Sehens und Denkens, anderer Formen des Seins und Miteinander-Seins geschaffen. Dabei fokussieren sich Ansätze auf historische und kulturelle Produktionen von Wissen und Macht und hinterfragen deren Dominanz: „Die Wahl der Handlung und Bedeutung (was ‚wir' sind oder ‚sein sollten') ist niemals aufgezwungen, weil ‚das Recht zu deuten' anerkannt und respektiert wird (so wie es eine ethische Beziehung ‚fordert')" (Andreotti 2006: 49; übersetzt vom Autor). Ganz konkret bedeutet das, dass eine kritische GCE Ungleichheiten und Ungerechtigkeiten als Problem in der Welt identifiziert. Dieses Problem ist darin begründet, dass komplexe Strukturen und Systeme, Annahmen, Einstellungen und Machtverhältnisse Ausbeutung forcieren, Entmachtung (*disempowerment*) vorantreiben und Differenz eliminieren (Andreotti 2006: 46). Dies wird damit legitimiert, dass die ausübenden Parteien, Systeme und Gesellschaften von dieser Kontrolle über ungerechte und gewaltsame Systeme und Strukturen profitieren. Als Grundlage dafür, dass sich Menschen dagegen einsetzen, gilt ein Sinn für Gerechtigkeit und ein Sinn für eine gewisse Mittäter:innenschaft bei diesen Prozessen (*complicity in harm*) als Teil bzw. als Mitglied eben jener Systeme. Daraus resultiert eine Verantwortung gegenüber den anderen und das Lernen mit den anderen: Wir sind alle Teil des Problems, aber eben auch Teil der Lösung.

Vor diesem Hintergrund können kritische Orientierungen von GCE kaum als indoktrinierend und auch nicht als utopisch-idealistisch bezeichnet werden. Im Gegenteil ist bei ihnen die Gefahr eher groß, Lernende zu überwältigen, wie

Andreotti (2006: 48) einräumt. Das kritische Hinterfragen der eigenen Positionalität und Rolle in der Aufrechterhaltung eben jener Systeme, die Ungerechtigkeit, Ausbeutung und Gewalt erzeugen, kann Schuldgefühle und ein Gefühl von Hilflosigkeit bei gleichzeitiger Bereitschaft zur Veränderung erzeugen. Es erscheint deshalb wichtig, die Bildungsziele von GCE nie aus den Augen zu verlieren und Lernende (und Lehrende) bei aller kritischen Selbstreflektion immer auch als aktive Handlungsträger:innen (*active change agents*) auf dem Weg zu einer besseren Zukunft zu verstehen.

3.4 Ausblick: Kritische GCE im Fremdsprachenunterricht

In der Beschreibung von *soft* und *critical* GCE sowie in der Definition von neoliberalen, liberalen und kritischen GCE-Orientierungen im vorherigen Kapitel wurde bereits an einigen Stellen ersichtlich, wo sich der Fremdsprachenunterricht in Deutschland verorten würde. Die starke Kompetenzorientierung und beobachtbare Ausrichtung von Lernen auf Wettbewerbsfähigkeit (Stichwort: PISA-Schock), die man im hohen Stellenwert von funktional-kommunikativen Fähigkeiten in den Bildungsstandards für die Fremdsprachen in Sekundarstufe I (KMK 2023) und Sekundarstufe II (KMK 2014) vermuten könnte, legen eine neoliberale Ausrichtung nahe. Gleichzeitig suggerieren Formulierungen in den Präambeln dieser Dokumente, die die Rolle von Empathie, Demokratie und Menschenrechten hervorheben, eine weiche liberale Ausrichtung. Dass sich der Fremdsprachenunterricht in Deutschland mit Blick auf GCE eher an der neoliberalen-liberalen Schnittstelle verorten lässt, zeigen auch Heidt und Freitag-Hild (2023) in ihrer Analyse einer Beispielaufgabe zum *Adivasi Tee-Projekt* aus dem Orientierungsrahmen für den Lernbereich globale Entwicklung (KMK 2016), die neoliberale und neokoloniale Perspektiven transportiert und von den Autorinnen als ahistorisch, entpolitisiert und heilsbringerisch (*salvationist*) bezeichnet wird (Heidt/Freitag-Hild 2023: 105).

Aufgabe

Alternative Nachhaltigkeitsziele

Die Nachhaltigkeitsziele der Vereinten Nationen gelten als ein notwendiger Schritt in Richtung der Transformation zur Nachhaltigkeit, wurden aber als neoliberal motiviert und als aus Westlicher / Globaler Nord-Perspektive heraus gedacht kritisiert.

a) Suchen Sie sich eines der 17 Nachhaltigkeitsziele aus und reflektieren Sie Ihre eigene Rolle bei den Bestrebungen, dieses Ziel zu erreichen: Wie stehen Sie selbst zu diesem Ziel? Welche Schritte unternehmen Sie, um auf dieses Ziel hinzuarbeiten?
b) Welche Aspekte dieses Nachhaltigkeitsziels könnten neoliberal, d. h. wirtschaftlich, motiviert sein? Welche Hinweise gibt es im Ziel darauf, dass es aus einer Perspektive des Globalen Nordens gedacht sein könnte?
c) Wie könnte das Ziel ‚kritischer' gestaltet werden, also so, dass es ein Miteinander aller Menschen fördert, weniger ein Füreinander einiger weniger, privilegierter für andere?
d) Wie verhalten sich Ihre eigenen Handlungen und Denkmuster zu den Erkenntnissen aus a) bis c)?

e) Welche Rolle spielen Kommunikation, Dialog, Argumentation und Aushandlung bei der Erreichung des Ziels?

Empfehlungen zum Weiterlesen

Spivak 2004. Righting Wrongs.

In diesem Essay widmet sich Spivak der Frage, wer im Verhältnis von globalem Norden und globalem Süden als Anwalt der Menschenrechte auftritt. Hier lässt sich Andreottis Motivation für die Unterscheidung von weicher und kritischer GCE nachvollziehen, da sie sich stark auf dieses Essay beruft. Es ist 2008 auch als deutsche Ausgabe erschienen (Titel: *Righting Wrongs – Unrecht richten: Über die Zuteilung von Menschenrechten*).

Andreotti 2021. Hospicing Modernity: Facing Humanity's Wrongs and the Implications for Social Activism.

Dieses Buch nutzt die Metapher eines Hauses, das die Moderne gebaut hat, um über Ungleichheiten und Ungerechtigkeiten in der Welt zu reflektieren und eine alternative Form des Denkens und Seins vorzuschlagen, die diese Ungerechtigkeiten nicht nur anprangert, sondern auch auflöst.

Teil II: Gegenstände

Eine in der Literatur häufig diskutierte Herausforderung, welche bisher noch kaum Eingang in die Diskussion in diesem Band gefunden hat, ist die Tatsache, dass es kaum GCE-orientierte Materialien, Strukturen oder Handlungsempfehlungen zur Implementierung in der Praxis gibt (Davies 2006: 19). Allerdings sind entsprechende Bestrebungen in den letzten Jahren beobachtbar geworden, wie an umfassenderen UNESCO-Guidelines zu sehen ist, an Schulprogrammen deutlich wird und auch mit Blick auf die Fremdsprachendidaktik festgehalten werden kann, z. B. in Kontexten von Dekolonialisierung, Rassismuskritik, Demokratieerziehung oder BNE (siehe bspw. Pashby/Sund 2023). Mit Blick auf die unterrichtliche Praxis wird dabei häufig auf Altbewährtes zurückgegriffen, das dann aus neuen Perspektiven betrachtet wird – sowohl mit Blick auf Materialien, Methoden, Inhalte als auch Ansätze. Dieser nächste Teil verdeutlicht das an zwei Beispielen, zunächst mit einem Fokus auf Bildung für nachhaltige Entwicklung (Kapitel 4) und dann einem Fokus auf kulturelles Lernen (Kapitel 5). Dabei ist zu beachten, dass es sich in einem hochdynamischen Diskurs nur um ausgewählte Momentaufnahmen handeln kann. Für einen weiteren Überblick über rezente Inhalte des GCE-Diskurses sind unter anderem Bosio (2021) sowie Lütge/Merse/Rauschert (2022) zu empfehlen.

4 Fokus: GCE und Bildung für nachhaltige Entwicklung im fremdsprachlichen Unterricht

GCE und BNE werden häufig im gleichen Atemzug genannt, wenn es um zukunftsorientierte Bildungsphilosophien geht. Dem zugrunde liegt das Argument, dass es sich bei der Klimakrise und anderen Nachhaltigkeitskrisen unter anderem um politische (Hayward 2012: 9) und kulturelle (Mayer/Wilson 2006: 1) Krisen handelt. So heben etwa Smith und Pangsapa (2008: 1) hervor, dass ökologische und soziale Herausforderungen nie voneinander getrennt betrachtet werden können, dass es keinen Widerspruch zwischen Ansätzen zur Bekämpfung ökologischer Probleme und sozialer Ungerechtigkeit gibt und dass diese sich als sozio-ökologisch gefassten Aspekte gegenseitig verstärken.

Vor diesem Hintergrund diskutiert dieses Kapitel zunächst die Zusammenhänge zwischen GCE und BNE, ehe es den Fokus auf zentrale Ansätze, Theorien und Konzepte legt, die derzeit exemplarisch für die Speerspitze der Forschung an dieser Schnittstelle stehen: *Environmental citizenship education*, *human rights education* (HRE; zu Deutsch: Menschenrechtserziehung) und hoffnungsvolle Pädagogik.

4.1 GCE, BNE, SDGs: Zusammenhänge

Die enge Verbindung zwischen GCE und BNE wurde von verschiedenen Seiten identifiziert und hervorgehoben, unter anderem von den Vereinten Nationen und UNESCO im Nachhaltigkeitsziel 4.7 (*Sustainable Development Goal*, im

Folgenden: SDG) (UNESCO 2017). SDG 4.7 ist für qualitativ hochwertige (nicht nur sprachliche) Bildung richtungsweisend, die sich den Zielen der Nachhaltigkeit und *global citizenship* verschreibt:

> Bis 2030 sicherstellen, dass alle Lernenden die notwendigen Kenntnisse und Qualifikationen zur Förderung nachhaltiger Entwicklung erwerben, unter anderem durch Bildung für nachhaltige Entwicklung und nachhaltige Lebensweisen, Menschenrechte, Geschlechtergleichstellung, eine Kultur des Friedens und der Gewaltlosigkeit, Weltbürgerschaft und die Wertschätzung kultureller Vielfalt und des Beitrags der Kultur zu nachhaltiger Entwicklung. (UNESCO 2017: o. S.)

Auch der internationale akademische Diskurs thematisiert diese Schnittstellen ausgiebig (z. B. Misiaszek 2016, 2018; Sant et al. 2018; Römhild/Gaudelli 2021; Torres 2023). Torres (2023: 21) spricht beispielsweise von einer „elective affinity“ zwischen den Konzepten. Sein Argument ist, dass BNE und GCE eine Beziehung eingehen, die durch gegenseitigen Einfluss, Selektion und Verstärkung charakterisiert wird. In anderen Worten, wenn es das Ziel ist, eine der beiden zu realisieren, müssen wir auch die andere realisieren. Um diese Verbindung zu verdeutlichen, bemüht Torres (2023: 21) das Bild von BNE und GCE als Zwillingsschwestern (s. Matz/Römhild 2024, die diese Idee aufgreifen und in den Kontext des Fremdsprachenlehrens und -lernens setzen). Aus der sozio-ökologischen Gerechtigkeitsforschung heraus argumentiert Misiaszek (2018: 6) etwa, dass GCE ein essenzieller Rahmen für jede um- und mitweltbezogene Pädagogik sei, da ökologische Gewalt nicht an geopolitische oder andere sozial konstruierte Grenzen gebunden sei, sondern globale Auswirkungen hätte. Aus diesem Grund, so Misiaszek (2018: 82), müssten *global citizenship* und *ecopedagogy* (Überbegriff für um- und mitweltbezogene, inhärent kritische Pädagogiken; s. Misiaszek 2016, 2018, 2022) immer kombiniert werden. In ähnlicher Weise argumentiert Hayward (2012: 13), der die mit dieser Verbindung eröffneten konzeptuellen Möglichkeiten hervorhebt. In seinen Augen erkennt die Kombination von ökologischer und an Nachhaltigkeit ausgerichteter Bildung mit GCE an, dass *citizenship* (siehe Kapitel 1 für terminologische Differenzierung und Abgrenzung zum deutschen „Staatsbürgertum") nicht nur eine juristisch und politisch definierte Zugehörigkeit zu einer politischen Gemeinschaft beschreibt, sondern auch ein Zugehörigkeitsgefühl sowie Partizipation in Gemeinschaften, die über nationale Grenzen hinausgehen. Aus akademischer Sicht scheint sich die hohe Kompatibilität zwischen GCE und BNE also in erster Linie in der Einsicht zu begründen, dass Nachhaltigkeit etwas ist, was nationale oder andere sozial konstruierte Grenzen überwindet und deshalb inhärent global gedacht werden muss. In den hier paraphrasierten Worten Misiaszeks und Haywards wird daneben aber auch die Signifikanz eines dynamischen *citizenship*-Begriffs ersichtlich – dieser Gedanke wird in Unterkapitel 4.2 wieder aufgegriffen und ausdifferenziert.

Auch die UNESCO bekräftigt in jüngeren Publikationen immer wieder die enge Verwobenheit und Überlappung von GCE und BNE (z. B. 2019, 2021). In diesen Berichten wird der Zusammenhang zwischen GCE und BNE vor allem in den folgenden thematischen Gebieten hervorgehoben: (i) Bildung zu nachhaltigem Konsum und Produktion; (ii) Bildung zum Klimawandel; (iii) Menschenrechtserziehung;

(iv) Bildung für kulturelle Diversität und Toleranz. Diese vier Felder werden postuliert, um jüngere Generationen beim „learning to know, to do, to be and to live together" (UNESCO 2021: 19) zu unterstützen. Den Kern einer solchen Bildung für Nachhaltigkeit und *Global Citizenship* bildet die folgende von der UNESCO formulierte Idee:

> Both ESD [education for sustainable development] and [GCE] empower learners to develop the knowledge, skills, values and attitudes they need to contribute to a more inclusive, just, peaceful and sustainable world. In taking ESD and [GCE] forward, UNESCO seeks to advance three interlinked dimensions of learning – cognitive, socio-emotional and behavioural – which, combined, offer a holistic learning experience that puts learners on a pathway of empowerment and transformation. (UNESCO 2019: Vorwort)

Diese drei hier von der UNESCO (s. auch 2017: 11) definierten zusammenhängenden Dimensionen haben längst Eingang in deutsche bildungspolitische Dokumente für den Fremdsprachenunterricht gefunden. So spezifiziert der Orientierungsrahmen für den Lernbereich globale Entwicklung der KMK in seiner Teilausgabe für die modernen Fremdsprachen (2017) auf Basis dieser Dimensionen die Bereiche Erkennen, Bewerten und Handeln als Kernelemente globaler Bildung in den fremdsprachlichen Fächern. Der Einfluss dieser internationalen und nationalen bildungspolitischen Dokumente auf die fachdidaktische Forschung und Praxis zeigt sich unter anderem im Modell für BNE im Englischunterricht, welches von Surkamp (2022b: 35) vorgeschlagen wird und auf andere Fremdsprachen übertragbar ist. Dieses

Modell erfasst die erwähnten Kernbereiche für das sprachliche, das kulturelle, das literarische und das textuell-mediale Lernen sowohl auf rezeptiver, produktiver, reflexiver, als auch auf einstellungsbezogener Ebene.

Zusammenfassend lässt sich mit Nambiar und Sarabhai (2015) der Mehrwert einer GCE-Perspektive auf Nachhaltigkeitsbildung mit den in (einer kritischen, kosmopolitischen; siehe Kapitel 2 und 3) GCE inhärenten globalen, transformatorischen Potentialen begründen, die zu Synergieeffekten zwischen GCE und BNE führen:

> The critical contribution that the global citizenship approach makes is in providing a uniting and galvanizing principle for ESD by seeking to identify skills, values and approaches that are essential for sustainable development in a conceptual framework that is amenable to implementation across formal and informal education systems and at all levels. By seeking to re-politicize people along global lines through high-lighting skills needed for [sustainable development], [GCE] is capable of bringing the radical change agenda implicit in ESD in a universally accepted way. (Nambiar/Sarabhai 2015: 2)

4.2 *Environmental Global Citizenships*: Vom Singular zum Plural, vom Nomen zum Verb

Die konzeptuellen Herausforderungen, die mit unterschiedlichen Verständnissen und Auslegungen des *citizenship*-Begriffs einhergehen, wurden bereits in Kapitel 1 thematisiert. Sie erlangen allerdings im Kontext der Bildung für nachhaltige Entwicklung besondere Relevanz, unter anderem da hier die Handlungsfähigkeit der Lernenden bei Lernzielvorstellungen immer mitgedacht wird – das Handeln bildet schließlich einen der drei zentralen Kernbereiche der BNE (Erkennen, Bewerten, Handeln). In aktuellen Aushandlungen des *citizenship*-Begriffs im Kontext von BNE und anderen um- und mitweltbezogenen Pädagogiken, die unter Misiaszeks (2022) Begriff der *ecopedagogy* zusammengefasst werden können, lassen sich zwei eng miteinander verwobene Entwicklungen beobachten: Zum einen wird ein konzeptueller Wandel vollzogen, nach welchem *citizenship* nicht länger als Singular, sondern in seiner Pluralform als *citizenships* gedacht werden. Zum anderen wird sich zunehmend auf ein performatives Verständnis (s. Schattle 2012; s. auch Kapitel 1) von *citizenship* bezogen, was die Handlungsfähigkeit der Lernenden betont: Im Gegensatz oder vielmehr in Erweiterung zu einem eher auf Zugehörigkeit und politischen Status bezogenen Gebrauch von *citizenship* als Nomen wird also *citizenship* als Verb verhandelt. Die Hintergründe für diese Entwicklungen werden im folgenden Abschnitt dargelegt.

Vom Singular zum Plural

Der Gebrauch von *citizenship* als politische Kategorie und legaler Status einer Person ist in aller Regel von der Idee des Nationalstaates geformt und daran geknüpft. In diesem Zusammenhang diskutierte Fragen drehen sich vorrangig um das Interesse von Regierungen und Gesellschaften, Menschen in möglichst effektive Mitglieder eben dieser Gesellschaften – meist Nationalstaaten – zu formen (s. z. B. Dower/Williams 2002; Falk 2002; Banks 2008). Während Verständnisse davon, was ein ‚gutes' oder ‚effektives' Mitglied einer Gesellschaft ist, stark variieren, ist ein solcher *citizen-*

ship-Begriff immer exkludierend: Eine Person ist *qua* Geburtsrecht oder erworbener Dokumente ein Mitglied eines bestimmten Staates oder nicht. Dass diese Idee in Bildungskontexten dadurch perpetuiert und verstärkt wird, dass Kulturen häufig noch als statisch, klar abgrenzbar und essentialistische Nationalkulturen interpretiert werden, dient als Ausgangspunkt für die Überlegungen zum kulturellen Lernen in Kapitel 5. Im Zusammenhang mit *ecopedagogies* argumentieren Misiaszek und andere aber, dass die Lebenswirklichkeiten des 21. Jahrhundert ein Umdenken erfordern:

> Intensifying globalization has made an individual's citizenship increasingly complex in terms of how they define, beyond their own nation-state (i. e., traditional citizenship) what they are a citizen of and whom they consider to be their fellow citizens. (Misiaszek 2016: 592; ähnliche Aussagen lassen sich u. a. bei Aboagye/Dlamini (2021: 9) finden.)

Smith und Pangsapa (2008: 9) ergänzen, dass sich eine neue Generation von *citizenships* entwickelt hat, von denen *ecological* oder *environmental citizenship* eine ist (vgl. auch Valencia Sáiz 2005): „Citizenship is now articulated with culture, technology, identity (particularly gender), science, transnationalization and cosmopolitanism" (Smith/Pangsapa 2008: 10). Für das Individuum ist es folglich nicht nur möglich, sondern nötig, sich über multiple Zugehörigkeiten in einer dynamischen Welt zu identifizieren und somit auch multiple Verantwortlichkeiten, Rechte und Pflichten – den jeweiligen Gemeinschaften gegenüber – zu tragen. Angesichts des globalen Ausmaßes der Nachhaltigkeitskrisen ist also ein GCE-Verständnis nötig, welches die Möglichkeit verschiedener, simultan relevanter und angeeigneter *citizenships* eröffnet und mitdenkt – von lokalen, sozialen, regionalen, globalen bis hin zu planetaren *citizenships* (s. Misiaszek 2018; s. auch konzentrische Kreise in Kapitel 5).

Vom Nomen zum Verb

Der konzeptionelle Schritt von *citizenship* im Singular zu *citizenships* im Plural zieht einen zweiten, nicht weniger weitreichenden Schritt nach sich. Wenn sich Menschen – im Fall des Fremdsprachenunterrichts Lernende – multiple Zugehörigkeiten über die traditionelle territorialisierte Form von Staatsangehörigkeit hinweg gleichzeitig aneignen können und diese auch verhandeln müssen, dann rückt dies die dynamische, performative Natur dieser *citizenships* und damit auch die Handlungsfähigkeit der Lernenden in den Vordergrund. Wer wir sind und wem oder was wir uns zugehörig fühlen ist nicht länger nur abhängig vom Geburtsort oder der Erziehung, vielmehr bestätigen wir unsere angeeigneten *citizenships* über alltägliche performative Handlungen und füllen sie so mit Bedeutung. Diese Entwicklung weg vom *being a citizen* und hin zum *doing citizenships* eröffnet die Möglichkeit, globale Zugehörigkeiten und die Übernahme von Verantwortung innerhalb der entsprechenden Gesellschaften zu verhandeln.

Ein Beispiel – Klimaproteste der Letzten Generation

Diese sehr abstrakten Ideen lassen sich an einem Beispiel illustrieren, das auch im Fremdsprachenunterricht zur Diskussion herangezogen werden kann. Die Klimaprotestbewegung *Letzte Generation vor den Kipppunkten* führt seit 2022 wiederholt medienwirksame Protestaktionen durch, mit denen die Gruppierung u. a. die Klimapolitik der Bundesregierung kritisiert. Diese Form des Aktivismus lässt sich als performativer Akt, als gelebte *environmental citizenship* interpretieren, durch die die Aktivist:innen ihrer Klimaverantwortung auf ihre eigene Art Ausdruck verleihen. Dabei verstehen sie sich allerdings offenbar auch gleichzeitig der Bundesrepublik Deutschland in irgendeiner Weise zugehörig, da sich der Protest gezielt an sie richtet. Es handelt sich hier um ein verhältnismäßig radikales Beispiel, an welchem sich nichtsdestoweniger die Idee multipler *citizenships* und eines performativen *citizenship*-Verständnisses verdeutlichen lässt – andere Beispiele liefert unter anderem die globale *Fridays for Future* Bewegung.

4.3 *Human Rights Education*: Ein zentraler Pfeiler von GCE

Nachhaltigkeitskrisen können nicht nur als politische und kulturelle Krisen betrachtet werden, sondern häufig auch als Menschenrechtskrisen (Römhild/Gaudelli 2021; Römhild 2023 b). Als Fragen der sozio-ökologischen Gerechtigkeit gefasst, drehen sie sich unter anderem um Machtgefälle, Inklusion, Teilhabe und Gleichberechtigung – welche wiederum zentrale Kernthemen des Menschenrechtsdiskurses sind. Nicht zufällig zählt das bereits zitierte SDG 4.7 die Menschenrechte zu den wichtigen Elementen qualitativ hochwertiger Bildung. Auch im Kontext einer sprachlichen Bildung für nachhaltige Entwicklung (Surkamp 2022 a; Römhild 2023 a) wird der Mehrwert einer durch die Prinzipien der Menschenrechtserziehung informierten Didaktik diskutiert.

Menschenrechtserziehung bzw. *human rights education* wird von Hahn (2020: 9; siehe auch Hantzopoulos/Bajaj 2021) als ein Ansatz der *citizenship education* definiert, „[which] promotes a broadly humanistic regard for all people, whereby individuals think and act in solidarity with all members of the human community." Als Kernziel dieser Bildungsphilosophie gilt es, junge Menschen an die universellen Standards sowie an Mittel und Wege zu deren Schutz und Sicherung heranzuführen (Hahn 2020: 9). So kann HRE als eine Alternative zu engeren und nationalistisch gefassten Ansätzen innerhalb der *citizenship education* gelten, die hauptsächlich Zugehörigkeiten, Verantwortlichkeiten, Rechte und Pflichten innerhalb eines Nationalstaaten fokussieren (Starkey 2015: 2) und nicht globale Zugehörigkeiten und geteilte Verantwortung. Um eine *human rights-informed citizenship education* klarer von traditionellen *citizenship*-Ansätzen abzugrenzen, formulieren Osler und Starkey (z. B. 2003; 2018) eine *cosmopolitan citizenship education*.

Mit Blick auf konkrete Umsetzungsmöglichkeiten in der Unterrichtspraxis hat sich die Unterscheidung einer Bildung *über*, *für* und *durch* Menschenrechte durchgesetzt, die auch als kognitive, kulturelle bzw. partizipative Dimensionen bezeichnet werden (Hahn 2020: 10). Die kognitive Dimension umfasst u. a. Wissen über Menschenrechte, Menschenrechtsprinzipien sowie den Status von Menschenrechten in verschiedenen Gesellschaften. Die kulturelle Dimension zielt darauf ab, dass Lernende alle Menschen als Menschenrechtstragende anerkennen und sich somit als Teil einer Weltgemeinschaft verstehen, die auf diesem universalen Wertesystem beruht. Die partizipatorische Dimension rückt die Lernenden selbst als Tragende von Menschenrechten in den Fokus, bestätigt sie in ihrer (kommunikativen) Handlungsfähigkeit auf Basis und im Rahmen der Menschenrechte und beschreibt einen (Fremdsprachen-)Unterricht, der seinerseits durch eine Kultur der Menschenrechte gekennzeichnet ist. An diesen Prinzipien ausgerichtete fremdsprachliche Bildung befindet sich noch in ihrer Erforschung und Erprobung, bereits jetzt lässt sich aber erkennen, dass es sich hierbei um einen vielversprechenden, emergenten Forschungszweig handelt, der das kulturelle Lernen im Fremdsprachenunterricht nachhaltig prägen kann. Jüngste Publikationen zu HRE und verwandten Ansätzen wie *children's rights education* oder Friedenserziehung im Kontext des Sprachenlernens umfassen wissenschaftliche Aufsätze (Matz 2023; Römhild 2023 b; Matz/Römhild 2024), eine Sonderausgabe der Zeitschrift *Human Rights Education Review* (Burner/Porto 2024) sowie Praxisartikel (z. B. Matz/Marxl 2020; Matz/Rogge 2024).

4.4 Ein Ausblick: *Hopeful Language Education*

Die in diesem Kapitel diskutierten Bildungsphilosophien GCE, BNE und HRE lassen sich neben den beschriebenen inhaltlichen Schnittstellen auch über ihre inhärente Zukunftsgewandtheit miteinander in Zusammenhang bringen, die sich durch alle Nachhaltigkeitsziele, insbesondere aber durch SDG 4.7 zieht. GCE wurde bereits in Kapitel 1 als *aspirational* beschrieben; eine Bildung für nachhaltige Entwicklung ist notwendigerweise zukunftsorientiert; und Menschenrechtserziehung dient der Wahrung der Menschenrechte aller Menschen der jetzigen und zukünftiger Generationen. In anderen Worten, bei allen hier genannten

Pädagogiken spielt Hoffnung eine zentrale Rolle (siehe auch Tarozzi 2023; für Entwürfe einer *pedagogy of hope* siehe z. B. hooks 2003; Freire 2004).

Dabei ist indes keine passive, idealisierende Hoffnung gemeint, bei der Lernende und Lehrende darauf warten, dass sich bestimmte Erwartungen magisch erfüllen. Gemeint ist eine kritische Hoffnung (z. B. Ojala 2017), die den Status quo anerkennt, ihn kritisiert und mit klaren Handlungsaufrufen zur Transformation dieses Status quo einhergeht. In anderen Worten geht es um die Kultivierung eines zielorientierten Denkens für eine Zukunft, die es noch nicht gibt – Ojala (2017: 79) spricht hier vom „pathway thinking for a future which is 'Not-Yet'". Hierbei kann der fremdsprachliche Unterricht mit seinem Fokus auf Kommunikation, Sprache und Literaturen eine einzigartige Rolle einnehmen. Er kann Raum dafür bieten, in der Arbeit mit hoffnungsvollen literarischen Genres wie *Solarpunk* oder *Hope Punk* über Geschichten der Hoffnung und der Transformation (Mauch 2019) hoffnungsvolle Visionen für die Zukunft zu entwickeln, diese Visionen auszudrücken und kommunikativ zu verhandeln. Der Fremdsprachenunterricht kann Raum dafür bieten, Sprachen der Hoffnung zu explorieren oder Fürsprache-Strategien und -Mechanismen zu erproben, damit Lernende in ihrer kommunikativen Handlungsfähigkeit im Sinne der *education for human rights* gestärkt werden (Römhild 2023 b).

Mit Blick auf geläufige Praktiken in (nicht nur sprachlicher) Bildung konstatiert Louiselle (2022: 145): „The growing sense of fatigue for dystopian speculation, coupled with a real-life climate despair, has primed the next generations for the opposite of cultural masochism." Mit einem hoffnungsvollen Fokus und mit entsprechender Material-

und Textauswahl (s. hierfür Römhild/Surkamp 2024) kann der an den Prinzipien der GCE, BNE und HRE orientierte fremdsprachliche Unterricht das Primat der Dystopie überwinden und Lernende im Sinne der zukunftsorientierten GCE darauf vorbereiten, aktiv und kommunikativ an der Gestaltung einer besseren und sozio-ökologisch gerechteren Welt teilzuhaben.

Aufgabe

Turn it around!

Turn it Around! Flashcards for Education Futures sind Lernmaterialien für Erwachsene, die von Kindern und Jugendlichen erstellt wurden, um auf Missstände in Gesellschaften hinzuweisen (z. B. im Bildungssystem, mit Blick auf die Klimakrise, etc.) und zum Umdenken anzuregen. Damit wird die Dynamik im Klassenzimmer umgedreht: normalerweise erstellen Lehrkräfte *flashcards* für Lernende.

Auf der Website (siehe QR-Code) findet sich eine Vielzahl an vorbereiteten *flashcards*.

Klicken Sie sich durch die *flashcards* und identifizieren Sie bis zu 5 Karten, die Sie in besonderem Maße ansprechen. Was lösen die Karten in Ihnen aus? Finden Sie heraus, was auf der Rückseite geschrieben steht. Stimmen Sie mit diesem prompt überein?

Gestalten Sie eine eigene *flashcard*, die auf gegebene Missstände aufmerksam macht und formulieren Sie eine Botschaft auf der Rückseite der Karte, die eine Vision einer besseren Zukunft mit Blick auf den von Ihnen gewählten Missstand entwirft.

Empfehlungen zum Weiterlesen

Hantzopoulos/Bajaj 2021. Educating for Peace and Human Rights: An Introduction.

In diesem Buch diskutieren die Autorinnen Herausforderungen und Potenziale von Menschenrechts- und Friedenserziehung. Es dient als Einführung in die Kernkonzepte und historische Entwicklung beider Bildungsphilosophien und enthält eine annotierte Bibliografie zur weiteren Exploration dieses Themengebiets.

Misiaszek 2022. Ecopedagogy. Critical Environmental Teaching for Planetary Justice and Global Sustainable Development.

Dieses Buch denkt Paulo Freires Pädagogik der Unterdrückten im Kontext von Nachhaltigkeit weiter und argumentiert, dass diese Pädagogik zu menschlichem Handeln für sozioökologische Gerechtigkeit und planetarische Nachhaltigkeit führen kann.

Tarozzi/Bourn (Hrsg.) 2023. Pedagogy of Hope for Global Social Justice.

Dieser Sammelband untersucht die Rolle von Hoffnung als ein Ansatz beim Lernen über globale Herausforderungen. Der Band umfasst eine Reihe von Essays zu unterschiedlichsten Themen, die im Bereich *Global Citizenship Education* relevant sind, darunter ökologische Perspektiven, Werteorientierung, transformative Bildung und Dekolonialisierung.

5 Fokus: GCE und kulturelles Lernen im Fremdsprachenunterricht

Global Citizenship Education erlangte im deutschsprachigen Diskurs der Fremdsprachenforschung insbesondere dadurch Aufmerksamkeit, dass kulturelles Lernen und damit verbundene Fragestellungen als ein zentraler Pfeiler fremdsprachlicher Bildung gelten (z. B. Alter/Wehrmann 2022; García García/Schädlich 2022; Freitag-Hild 2022; Römhild et al. 2023). Dabei haben bestimmte Orientierungen von GCE, vorrangig kritische und kosmopolitische GCE, das Potenzial, kulturelles Lernen im Fremdsprachenunterricht nachhaltig zu prägen. Um die Gründe für diese These zu eruieren, widmet sich dieses Kapitel zunächst dem Status quo im kulturellen Lernen und richtet den Blick auf die seit Jahrzehnten diskutierte Frage, ob inter-, trans- oder eine Mischung aus inter-/transkulturellem Lernen zu verfolgen sei. Anschließend werden kosmopolitische Zugänge zum kulturellen Lernen als Alternativen zum Status quo diskutiert und deren Relevanz anhand emergenter Anwendungsbereiche illustriert.

5.1 Kosmopolitische Zugänge zum kulturellen Lernen

Kulturelles Lernen ist ein zentraler Pfeiler der Fremdsprachendidaktik (siehe z. B. König/Schädlich/Surkamp 2022 a). Seine Bedeutung ist so groß, dass es gemeinhin neben der Literatur-, Sprach- und Mediendidaktik als Kulturdidaktik eine eigene Teildisziplin bildet, die jedoch nie als von den anderen Disziplinen getrennt betrachtet werden darf. Dabei herrscht im kulturdidaktischen Diskurs allerdings alles andere als Einigkeit darüber, welche Art der Kulturdidaktik verfolgt werden sollte: Seit den 1990er Jahren wird eine kontroverse Debatte zwischen Verfechter:innen des *inter*kulturellen Lernens und *trans*kulturellen Lernens geführt (vgl. z. B. Matz 2021). Seit Mitte der 2000er Jahren wird darüber hinaus eine synthetisierte Form des *inter-/trans*kulturellen Lernens diskutiert (z. B. Delanoy 2006; 2012). Vor diesem Hintergrund darf gefragt werden, warum nun auch noch kosmopolitische Zugänge zum kulturellen Lernen diskutiert werden sollen. Um diese Frage zu beantworten, werden im Folgenden zunächst die benannten Orientierungen des kulturellen Lernens in ihren Grundsätzen und der an ihnen geäußerten Kritik skizziert, ehe kosmopolitische GCE nicht als zusätzliche Orientierung, sondern gänzlich als Alternative zu inter-, trans-, und inter-/transkulturellem Lernen (s. unten) diskutiert wird.

Der Status quo: inter-, trans-, inter-/trans-?

Der deutsche fremdsprachendidaktische Diskurs wurde seit den 1990er Jahren stark von Konzepten wie interkultureller Kommunikationskompetenz (IKK oder ICC; Byram 1997) oder Fremdverstehen (Bredella/Christ 1995) geprägt. Während diese Konzepte und auch neuere Ansätze im Spektrum des interkulturellen Lernens (vgl. etwa Chandelier et al. 2012; Beacco et al. 2016; Council of Europe 2001; 2020) auf einem weiten Kulturbegriff aufbauen und darauf abzielen, erfolgreiche Kommunikation über kulturelle Diversität hinweg zu ermöglichen, so vermögen sie es trotzdem nicht, sich gegen die anhaltende Kritik zu wehren, die auf die (implizite) enge Verbindung zwischen Kultur und Territorium (häufig: der Nationalstaat) in ihnen verweist (z. B. Blell/Doff 2014; Römhild/Gaudelli 2022). Damit, so die Kritik, würde ein essentialistisches, statisches Kulturkonstrukt bemüht. Es ist wichtig anzuerkennen, dass zentrale Akteur:innen des interkulturellen Diskurses bemüht sind, sich gegen derlei Kritik zu wehren, indem sie auf inhaltliche Missverständnisse hinweisen (Byram 2021). Jedoch ist der Einfluss der kritischen Auslegung interkulturellen Lernens auf die Praxis deutlich: Römhild und Gaudelli (2022) identifizieren ein essentialistisches und auf nationalstaatliche Zugehörigkeit reduziertes Kulturkonzept als Ursache für den in den fremdsprachlichen Fächern praktizierten Zielland- und Zielkulturenunterricht, der Kulturen als klar abgrenzbare Nationalkulturen definiert (für tiefergehende Diskussionen der Kritik am interkulturellen Lernen siehe z. B. Römhild/Matz 2021; König et al. 2022 b; Römhild/Gaudelli 2022; Siepmann et al. 2023).

Beeinflusst durch Denker:innen wie Kramsch (1993) mit ihrem aus dem Postkolonialismus stammenden Konzept des *third space* oder Risager (1998) mit ihrer Unterscheidung zwischen Kultur als essentialistischen Diskurs und Kultur als prozeduralen Diskurs wurden im gleichen Zeitraum bereits Konzepte von Kultur(en) als hybrid, dynamisch und komplex verhandelt. Im deutschsprachigen Raum hatte in diesem Kontext vor allem der Philosoph Wolfgang Welsch (1992; 1999; 2010) mit seinem Konzept der Transkulturalität großen Einfluss auf die Debatten in der Fremdsprachendidaktik (siehe u. a. Hallet 2002; Schulze-Engler 2002; Eckert/Wendt 2003). Transkulturelle Ansätze richten den Fokus des kulturellen Lernens weg von (nationalen) Unterschieden und hin zur Anerkennung vielfältiger Gemeinsamkeiten auf unterschiedlichen Ebenen, die neben nationalstaatlicher Zugehörigkeit existieren. Sie betonen zudem das Konzept der Hybridisierung, z. B. im Kontext von Kommunikation oder grenzentranszendierender/transnationaler Migration (Schulze-Engler 2002; für weitere Diskussionen transkulturellen Lernens s. z. B. Delanoy 2006; Freitag-Hild 2010). Siepmann et al. (2023: 7) konstatieren in Retrospektive jedoch, dass sich die transkulturelle Wende in der Fremdsprachendidaktik nicht vollzogen hat, auch wenn sich zahlreiche Studien mit den Potentialen des transkulturellen Lernens für den Fremdsprachenunterricht beschäftigten (z. B. Freitag-Hild 2010; Alter 2015; Siepmann 2016; Beutel 2018; Kreft 2020). Dies führen sie unter anderem darauf zurück, dass das Konzept der Transkulturalität als zu akademisch und als hochelitär kritisiert wurde (z. B. Zirfas/Göhlich/Liebau 2006). Daneben besteht der Vorwurf der Realitätsfremdheit, da sich das Konzept den Lebenswirklichkeiten nicht hinreichend zuwendet, in denen das (G)Lokale – im ursprünglichen Sinn das Rückbesinnen auf das Lokale/die Heimat als Reaktion auf Globalisierungsprozesse – und *imagined communities* (Anderson 1983) – eine auf angenommenen und konstruierten Aspekten beruhende Gemeinschaft, häufig der Nationalstaat – eine große Wirkmächtigkeit bei der Identitätsbildung von Menschen ausüben (Siepmann et al. 2023: 7).

Neben einer kritischen Transkulturalität, die die Aspekte der Macht- und Hegemonialstrukturen sowie der Handlungsfähigkeit von Lernenden stärker herausstellt (z. B. Kraidy 2005; Delanoy 2006; 2012; Siepmann 2016), bildete sich auch ein dialogischer Zweig heraus, der gewissermaßen für eine Integration des interkulturellen und transkulturellen Lernens argumentiert (z. B. Treichel 2011; Bolten 2016).

Bei diesem inter-/transkulturellem Ansatz werden die funktionalen Strategien des interkulturellen Lernens mit den auf einer Metaebene liegenden Aspekten des transkulturellen Lernens verbunden, um ein umfassendes Set an kulturellen Kompetenzen zu fördern (Treichel 2011). Diese letzte Orientierung dient als Basis für die Erforschung kosmopolitischer Zugänge zum kulturellen Lernen im Fremdsprachenunterricht.

Kosmopolitismus als Alternative

Als Vertreter:innen einer auf kosmopolitischen GCE-Perspektiven basierenden, inter-/transkulturellen fremdsprachlichen Kulturdidaktik gelten unter anderem Matz (2021), Delanoy (2022) und Römhild (2023 a; Römhild et al. 2023). Dabei fällt auf, dass nicht länger von inter-/transkulturellem Lernen die Rede ist, sondern von kulturellem Lernen bzw. *cultural literacies*, die in ihrer kosmopolitischen Konzeption über die Idee des inter-/transkulturellen Lernens hinausgehen (Römhild 2023a: 239–241). Delanoy (2022: 133, 135) argumentiert, dass kosmopolitische Perspektiven das kulturelle Lernen insofern bereichern können, als dass sie den Fokus auf das Zusammenspiel des Globalen mit dem Lokalen, einen Blick auf die kritische Dimension kulturellen Lernens sowie Hoffnung auf eine gerechtere, ökologischere und nachhaltigere Zukunft mitbringen.

Kosmopolitischer Philosophie liegt die Annahme bzw. Einsicht zugrunde, dass sozial konstruierte Grenzen ständig transzendiert werden, sowohl mit Blick auf politische Grenzen als auch im Zusammenhang mit Identitäten, Formen der Zugehörigkeiten und *citizenships* (Siepmann et al. 2023: 3). Kosmopolitismus kann als intensiviertes Bewusstsein für globale Zusammenhänge und geteilte Verantwortung aller Menschen gedacht werden, welche sich wiederum in technologischen Entwicklungen, zunehmender Mobilität und Migration sowie intensivierender Globalisierung begründen (Appadurai 1996). Dabei ergeben sich für Individuen und soziale Gruppen aber auch Spannungsfelder zwischen dem Lokalen und dem Globalen (Tomlinson 1999; Weenink 2008). Um diese Spannungsfelder konzeptuell anzuerkennen und nicht die Gefahr zu laufen, als elitär und fern der Lebenswirklichkeiten der Menschen kritisiert zu werden, wird ein verwurzelter Kosmopolitismus (*rooted/embedded cosmopolitanism*; Appiah 2006; Kymlicka/Walker 2012; oder auch *cosmopolitanism of connections*; Calhoun 2017) diskutiert. Diese Form des Kosmopolitismus erlaubt eine Balance zwischen dem Lokalen – z. B. der eigenen Verwurzelung; der Idee einer Heimat; dem Gefühl der Zugehörigkeit zu einem bestimmten Ort – und dem Globalen – z. B. globale Verbundenheit; Gefühl der Zugehörigkeit zur Menschheit und zum Planeten – im Sinne einer dialogischen Beziehung. Damit erlangt die Fähigkeit, die eigene Position im globalen Netzwerk von Verbindungen identifizieren und reflektieren zu können eine enorme Bedeutung. Gleichzeitig beruht diese Philosophie auf der Idee kultureller Diversität, Hybridität und Pluralität. Damit wird die Möglichkeit eröffnet, dass es verschiedene Ebenen der Zugehörigkeiten gibt, die Individuen gleichzeitig annehmen können, aber auch verhandeln und aushalten müssen. Diese häufig als konzentrische Kreise gefassten Ebenen sind Gegenstand des nächsten Abschnittes.

5.2 Konzentrische Kreise: Verschiedene Formen und Ebenen der Zugehörigkeit

Gaudelli (2016: 21) benennt die „goldene Regel des Kosmopolitismus“: „Ich bin Mensch, nichts Menschliches ist mir fremd“ – Gaudelli zitiert hier Appiah (2006: 111), der sich wiederum auf den römischen Dichter Terenz bezieht. Der in diesem Grundsatz betonten engen Verbundenheit eines jeden Menschen über verschiedene Ebenen der Zugehörigkeit hinweg wird durch die Idee der konzentrischen Kreise Ausdruck verliehen. Diese Idee ist eng mit Nussbaums (z. B. 1996) politischer Theorie assoziiert und spielt in kosmopolitischen Diskursen eine zentrale Rolle. So definiert Jackson (2019: 3; 2023: 22) die folgenden Kreise: das Selbst; das Interpersonale; das Lokale; das Nationale; das Regionale; das Globale. Siepmann et al. (2023: 3) heben hervor, dass daneben auch

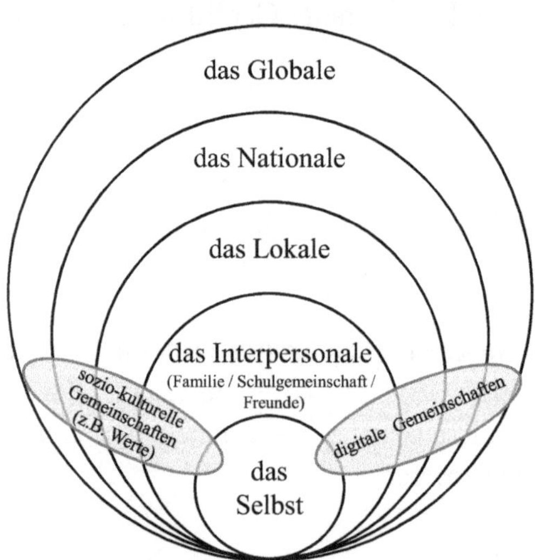

Abb. 1: Modell der konzentrischen Kreise (basierend auf Jackson 2023:22)

andere soziale, digitale, temporale oder räumliche Ebenen existieren, die weitere konzentrische Kreise bilden oder auch quer liegen können, wie in Abbildung 1 angedeutet.

Nach Nussbaum (1994) bringen diese verschiedenen Ebenen der Zugehörigkeit ihre ganz eigenen Verantwortlichkeiten und damit verbundene Lernziele mit sich. Nicht immer ist ein Zugehörigkeitsgefühl auf einer Ebene spannungsfrei mit anderen Ebenen vereinbar, weder als Individuum noch als Gesellschaft. Daher gehört es zu den Lernzielen kosmopolitischer fremdsprachlicher Bildung, Spannungen und Widersprüche auszuhalten und sie kommunikativ verhandeln zu können – in anderen Worten, auch streiten zu lernen (Bartosch 2022; Bartosch/Derichsweiler/Heidt 2022). Im Kontext des fremdsprachlichen Unterrichts entfalten die konzentrischen Kreise ihr volles Potenzial, wenn sie in konkrete unterrichtliche Praxis überführt werden. Wie dies etwa im Rahmen des exemplarischen Lernens oder im kontinuierlichen Wechselspiel zwischen Themen und Perspektiven des Lokalen und des Globalen geschehen kann, zeigen Kapitel 6 und Kapitel 7 im dritten Teil des Buches.

5.3 Moral und Werteorientierung in kosmopolitischer Bildung

Kosmopolitische Bildung zeichnet sich durch eine starke Werteorientierung aus. So schlagen beispielsweise Osler und Starkey (2003; 2005; 2018) als Gegenentwurf zu traditionellerer, auf Nationalstaatlichkeit ausgerichtete Bildung eine *cosmopolitan citizenship education* vor, die auf den universalen Menschenrechten beruht. Die Autor:innen argumentieren, dass derlei Bildung alle Lernenden – ungeachtet deren Nationalität oder politischen Status – im Vergleich zu traditionellen Ansätzen konsequenter als Träger:innen von Menschenrechten ernst nimmt. Was in diesen Worten erkennbar ist, sind die bereits angesprochenen Spannungsfelder in Diskursen rund um Bildung, die mit unterschiedlichen Definitionen von *citizenship* einhergehen (siehe Kapitel 1). Für den Fremdsprachenunterricht ergeben sich vor dem Hintergrund einer *cosmopolitan citizenship education* verschiedene Aufträge:

- Zum einen wird es erforderlich, zentrale Konzepte und Zielstellungen des kulturellen Lernens zu hinterfragen und diese im Sinne einer kosmopolitisch-orientierten GCE zu de-territorialisieren. Darin eingeschlossen sind solche Konzepte und damit verbundene Zielstellungen wie z. B. Demokratiebildung. Dabei könnte ein fremdsprachliches Curriculum auf Appadurais (2001) Demokratiebegriff aufbauen, der als *deep democracy* vor allem *bottom-up* demokratische Prozesse und Bewegungen in den Blick nimmt und beschreibt: *Demokratie leben und (auch kommunikativ) gestalten*, lautet das Motto hier – ganz im Sinne eines performativen *citizenship*-Verständnisses (siehe auch Bartosch/Derichsweiler/Heidt 2022; Marxl/Römhild 2023 a).
- Zum anderen wird der Fremdsprachenunterricht aus kosmopolitischer Sicht dazu aufgefordert, die Diskussion um Moral und Werteorientierung weiterzuführen. Als Fächergruppe sind die Fremdsprachen mit ihrem Blick auf Literaturen und Kulturen in einer einzigartigen Position, Lernende dabei zu unterstützen, verschiedene Wertesysteme kennenzulernen und zu diskutieren. Die Prinzipien der Menschenrechtserziehung können hierbei wegweisend sein (siehe Kapitel 4).

Im Kontext moralischer und wertebezogener Fragestellungen darf nicht unerwähnt bleiben, dass kosmopolitische Diskurse ihrerseits nicht frei von Kritik bleiben. Vor allem aus dem Postkolonialismus heben etwa Mignolo (2011) oder Robbins (2017) hervor, dass es neben der westlich-geprägten Genese kosmopolitischer Ideen auch eine alternative Genealogie gibt, welche im 16. Jahrhundert mit dem transatlantischen Sklavenhandel, dem Genozid an der indigenen Bevölkerung, der massiven Appropriation an Land und damit einhergehender Zwangsenteignung durch europäische Mächte sowie Ausbeutung von Arbeitskraft beginnt (Mignolo 2011: 330–331; siehe auch Delanoy 2022: 128–129).

5.4 Anwendungsbereiche im Fremdsprachenunterricht

Die Relevanz kosmopolitischer Bildungsphilosophie für die fremdsprachenunterrichtliche Praxis lässt sich anhand vielfältiger Anwendungsbereiche illustrieren. Neben der bereits in Kapitel 4 diskutierten Signifikanz von Menschenrechtserziehung im Rahmen der sozio-kulturellen Dimension von Bildung für nachhaltige Entwicklung lassen sich zahlreiche emergente Ansätze und Felder identifizieren, von denen im Folgenden drei exemplarisch vorgestellt werden:

(1) kosmopolitische GCE und literarisches Lernen

Im Bereich des literarischen Lernens betont Delanoy (2022; 2023) die Relevanz kosmopolitischer Perspektiven, da sich unter anderem sozio-kulturelle Herausforderungen über die Literatur erschließen lassen. In der Auseinandersetzung mit Literatur werden verschiedene Ebenen der Zugehörigkeit weit über das Territoriale hinaus zugänglich gemacht. Über die dabei repräsentierten und entstehenden Spannungsfelder können Schüler:innen lernen, Konflikte kommunikativ auszutragen, zu verhandeln und letztlich aufzulösen. Delanoy (2022: 135) argumentiert, dass kosmopolitische Perspektiven im Fremdsprachenunterricht dazu beitragen können, dass der Klassenraum zum Workshop für neue Ideen und zwischenmenschliche Beziehungen werden kann und so Lernende dazu befähigen kann, komplexe Herausforderungen kooperativ in lokalen und trans-lokalen Kontexten zu adressieren. Es wird hieran deutlich, dass kosmopolitischer Fremdsprachenunterricht vielfach auf bereits bestehenden literaturdidaktischen Ansätzen aufbaut, diese aber um bestimmte Aspekte erweitert, wie etwa das kontinuierliche Wechselspiel verschiedener Ebenen der Zugehörigkeit (darunter Lokales-Globales).

(2) kosmopolitische GCE und sprachliches Lernen

Im Kontext von Sprachvariation, Sprachbewusstheit und Translingualismus gibt es seit mehreren Jahren Ansätze, die mit kosmopolitischen Perspektiven hochkompatibel sind (z. B. Pennycook 2008; Canagarajah 2013; Wu 2020; Wu/Römhild/Nishizaki i. V.). Das Paradigma des *Global Englishes Language Teaching* (GELT; z. B. Galloway/Rose 2015; 2018; für Beispiele zur praktischen Umsetzung dieses Ansatzes siehe König et al. 2023) fordert ein Umdenken bezüglich der vorherrschenden Priorisierung einer standardsprachlichen Norm (z. B. *British English* oder *American English* – adaptiert auf die romanischen Sprachen wäre hier auch z. B. das

Standardfranzösische zu nennen) – diese Forderung kann aus kosmopolitischer Sicht nur unterstützt werden, da sich in dieser Normfokussierung auch der in anderem Kontext identifizierte und kritisierte Ziellandunterricht/Zielkulturenunterricht (Römhild/Gaudelli 2022) speziell im Fach Englisch zeigt (Römhild/Matz 2021; Römhild/Meer 2023).

(3) kosmopolitische Zugänge im Kontext von Digitalität und fake news

Die Verhandlung von Menschenrechten und Zugehörigkeit in digitalen Räumen sowie damit verbundene Fragen von Meinungsfreiheit und Zugang zu Informationen stehen im Zentrum der Diskussion um kosmopolitische Perspektiven auf Digitalität und den Umgang mit *fake news*. So betont etwa Diehr (2023) die Ausbildung einer kritischen Medien- und Nachrichtenkompetenz als essenzielle Kulturtechnik zur Teilhabe an globalen, digital geführten Diskursen im 21. Jahrhundert. Dabei kann der kosmopolitische fremdsprachliche Unterricht als Raum für eine Bildung des Dialogs dienen, in dem Fähigkeiten wie das Zuhören, die Umformulierung der Aussagen anderer, die Produktion valider Argumente und das Einräumen der Stärken von Ansichten geübt werden.

Aufgabe

Vor dem Frühstück einmal um die Welt

Im Jahr 1967 sagte Dr. Martin Luther King während seiner *Christmas Sermon on Peace* folgendes:

> It really boils down to this: that all life is interrelated. We are all caught in an inescapable network of mutuality, tied into a single garment of destiny. Whatever affects one directly, affects all indirectly. We are made to live together because of the interrelated structure of reality.
> [...]
> And before you finish eating breakfast in the morning, you've depended on more than half the world. This is the way our universe is structured. It is its interrelated quality. We aren't going to have peace on earth until we recognize this basic fact of the interrelated structure of all reality.

Reflektieren Sie, inwiefern diese Aussage auf Sie zutrifft, indem Sie festhalten, welche globalen Prozesse Ihre persönliche Morgenroutine möglich machen – in anderen Worten: Wie sind Sie schon vor dem Frühstück ins Netz globaler Interdependenzen eingewoben?

Empfehlungen zum Weiterlesen

Jackson 2019. Questioning Allegiance. Resituating Civic Education.

In diesem Buch hinterfragt die Autorin bestehende Ansätze zur *civic education* und stellt die grundsätzliche Frage, was es bedeutet, Zugehörigkeiten zum Lokalen, zum Globalen oder zum Nationalen institutionalisiert zu lernen und zu unterrichten.

Römhild/Marxl/Matz/Siepmannn (Hrsg.) 2023. Rethinking Cultural Learning. Cosmopolitan Perspectives on Language Education.

Dieser Sammelband untersucht das Potential kosmopolitischer Perspektiven auf und in sprachlicher Bildung. Während im ersten Teil des Bandes unter Einbezug verschiedenster Fachrichtungen die theoretisch-konzeptionellen Grundlagen gelegt werden, diskutieren die Beiträge im zweiten Teil konkrete Prinzipien und Ansätze für den Fremdsprachenunterricht.

Teil III: Unterrichtspraxis

Eine konsequente Hinwendung zur *Global Citizenship Education* bringt nicht nur die Exploration von Konzepten, Perspektiven und Ansätzen aus verwandten Disziplinen oder einen veränderten Blick auf Gegenstände des Fremdsprachenunterrichts mit sich, sondern auch ganz konkrete curriculare und unterrichtspraktische Implikationen. Die Kapitel im folgenden Teil richten deshalb den Blick auf Umsetzungsmöglichkeiten von GCE im Fremdsprachenunterricht auf curricularer Ebene (Kapitel 6) und in der unterrichtlichen Praxis (Kapitel 7). Damit runden diese Kapitel die in Teil I und II geführte Diskussion ab.

6 Implikationen für ein GCE-Curriculum

An den in Teil II besprochenen Gegenständen und Themenkomplexen wird deutlich, dass eine konsequente Hinwendung zur GCE tiefgreifende Entscheidungen auf struktureller und curricularer Ebene mit sich bringt. In diesem Sinne beschreibt GCE eine gewisse Art und Weise, schulische (fremdsprachliche) Bildung zu denken und umzusetzen (siehe das von Wintersteiner (2021: 10) angesprochene Bildungs-Paradigma). Vor diesem Hintergrund diskutiert dieses Kapitel zunächst anhand des Beispiels einer Schule in Dänemark wie GCE im Rahmen des *whole school approaches* umgesetzt wird und anschließend, wie sich dies in den fremdsprachlichen Fächern niederschlagen kann.

6.1 Alle für alle: *Whole School Approach* und Interdisziplinarität

Der *whole school approach* oder auch *whole institution approach* ist ein zentrales Element der durch die UNESCO vorangetriebenen Bildung für nachhaltige Entwicklung. Der Ansatz beschreibt die ganzheitliche Ausrichtung einer Schule oder anderen Bildungsinstitution nach dem Leitbild der Bildung für nachhaltige Entwicklung und *global citizenship* (Deutsche UNESCO Kommission o. J. b). BNE und *global citizenship* nehmen dabei nicht nur den Status einer Querschnittsaufgabe aller Fächer ein, sondern werden konsequent in allen Bereichen des schulischen Alltags als richtungsgebend integriert, das heißt unter anderem auch in Lernmethoden und -prozessen, in der (auch finanziellen) Verwaltung der Institution und in der Gestaltung der Schule als soziale Gemeinschaft. Weltweit weisen sich ca. 11.500 Schulen in über 180 Ländern als UNESCO-Projektschulen aus, in Deutschland sind es im Jahr 2023 etwa 300 Schulen (Deutsche UNESCO Kommission o. J. a). Mit Blick auf die strukturelle und curriculare Ausgestaltung dieses Ansatzes ist vor allem das Prinzip der Interdisziplinarität zentral. Am Beispiel der dänischen *Rysensteen Upper Secondary School* (s. Schultz/Blom 2023) lässt sich erkennen, wie die ganzheitliche Ausrichtung auf GCE in der Praxis umgesetzt werden kann.

Wie Schultz (2023: 29), der Leiter des *Global Citizenship* Programms an der Rysensteen Schule, beschreibt, wurde entschieden, dass das Curriculum die gesamte Schule und alle Fächer beinhalten sollte. Anstelle einer einzelnen Unterrichtseinheit in einem Fach oder ein paar Wochen mit thematischem Fokus auf globale Herausforderungen wurden alle Kurse, alle Fächer und alle Aktivitäten an der Schule in das GCE-Curriculum integriert. Das so entstandene Curriculum setzt sich aus drei Kategorien zusammen: (1) faktisches Wissen über natürliche Ressourcen, politische, kulturelle, ökonomische und soziale Bedingungen auf globalen und lokalen Leveln; (2) analytische Kompetenzen, zu denen insbesondere auch kulturelle Kompetenzen zählen; (3) Fähigkeiten und Kompetenzen, die zur konkreten Handlung benötigt werden (Schultz 2023: 30). Dieses Curriculum orientiert sich (vor allem in seiner Handlungsorientierung) an den 17 Nachhaltigkeitszielen (s. Kapitel 4). Darüber hinaus kreierten die Verantwortlichen auch eine sogenannte *Global Citizenship Programme Metro* (Schultz 2023: 32), eine Art Fahrplan oder Musterstudienplan für die drei Jahre, die das Programm umspannt. Darin werden curriculare Aktivitäten, außercurriculare Aktivitäten und crosscurriculare Aktivitäten ausgewiesen, die Lernende innerhalb des Programms wahrnehmen können. Während außercurriculare Aktivitäten Praktika und außerschulisches Engagement (z. B. in Nicht-Regierungsorganisationen oder gemeinnützigen Einrichtungen) beschreiben (Schultz 2023: 36), werden cross-curriculare Aktivitäten als zentral geplante und inhaltlich immer gleiche Module bezeichnet, die Lernenden die Möglichkeit geben, sich projektartig mit bestimmten Fragestellungen und Themenkomplexen zu beschäftigen. Da die Schule neben Interdisziplinarität auch Internationalisierung als festes Prinzip verankert hat, bereitet ein crosscurriculares Modul beispielsweise auf einen internationalen Austausch vor (Schultz 2023: 35); andere Module widmen sich der UN (*UN Introduction*) oder globalen Entwicklungen (*Global trends: economic, cultural and political*) (Schultz 2023: 32). Gerahmt wird das Programm durch die eigene Verortung in Oxley und Morris' (2013) Kategorien der GCE (siehe auch Kapitel 2) und durch die generelle Ausrichtung auf das dänische Konzept der *almendannelse* (Bildung; siehe Kapitel 1.1) (Højlund Roesgaard/Byram 2023: 24–25).

Die Mitarbeitenden der Rysensteen Schule heben mehrfach hervor, dass es sich beim GCE-Programm um *eine* mögliche Variante der Umsetzung des *whole school* Ansatzes handelt und unzählige alternative Wege denkbar sind (Schultz/Blom 2023: xi). Doch nicht jede Schulgemeinschaft kann oder will die gesamte Institution auf GCE ausrichten. Welche Möglichkeiten also auf struktureller und curricularer Ebene insbesondere für den Fremdsprachenunterricht bleiben, wird im nächsten Abschnitt dargelegt.

6.2 Thematisches und projektbasiertes Lernen im Fremdsprachenunterricht

Ein Curriculum wie am Beispiel der Rysensteen Schule beschrieben bedeutet indes nicht zwangsläufig die Auflösung der Fächer. Um der Fragmentierung von Bildung in einzelne Fächer dennoch entgegenzuwirken, die im Englischen in Anlehnung an die Abgeschlossenheit von Getreidesilos oft als *siloed approach* bezeichnet wird und einem *whole school approach* polar gegenübersteht, sind im GCE-Programm der Rysensteen Schule die curricularen Module als *Trivial Pursuit* Spielsteine markiert. Die dahinterliegende Idee ist, den Fachlehrkräften genügend Spielraum zur didaktischen Ausgestaltung einzelner Themenkomplexe zu geben, um sowohl die bildungspolitischen Anforderungen und Vorgaben des Landes (in Deutschland: der Lehrpläne der Bundesländer) umzusetzen und gleichzeitig eine GCE-Perspektive einzunehmen. Dies illustriert Schultz (2023: 34) am Beispiel des Kolonialismus, welcher als übergeordnetes GCE-relevantes Thema aus der Perspektive unterschiedlicher Fächer beleuchtet wird. In Geschichte könne so etwa die Leitfrage gestellt werden, wie historisch generierte und verwurzelte Vorurteile überwunden werden können, während sich die sprachlichen Fächer literarisch mit dem Thema auseinandersetzen könnten.

Dieses Vorgehen entspricht den in der Literatur häufig diskutierten Ansätzen des exemplarischen Lernens bzw. des thematischen oder projektbasierten Lernens (vgl. Diehr 2021; Nöth 2022; Römhild/Gaudelli 2022). In den fremdsprachlichen Fächern eignet sich exemplarisches Lernen insbesondere deshalb, weil es zur Auseinandersetzung mit Themen häufig eine Vielzahl an Beispielen gibt, die sich über die verschiedenen sprachlichen Kontexte hinweg erschließen lassen. Dies trifft nicht nur auf Englisch als globale *lingua franca* zu, sondern auch auf die anderen in Deutschland gelehrten Fremdsprachen, wie romanische oder slavische Sprachen. Anhand ausgewählter Beispiele, die exemplarisch für einen Gegenstandsbereich oder ein Phänomen – z. B. Kolonialismus – stehen, können zugrundeliegende Dynamiken und Prinzipien erarbeitet und fremdsprachliche Kompetenzen progressiv aufgebaut werden. Der Fokus in solchen Lerneinheiten liegt auf Fragestellungen und Phänomenen, nicht auf Orten und Nationen, wie es in deutschen Lehrplänen häufig noch der Fall ist (Römhild/Gaudelli 2022; vgl. auch Kroschewski 2022 oder Diehr 2021, die in Auseinandersetzung mit der Lernfelddidaktik an beruflichen Schulen sehr ähnliche Vorschläge für den Englischunterricht unterbreitet). Wie sich dieser Ansatz in der Unterrichtspraxis niederschlägt, illustrieren zwei Beispiele von der Rysensteen Schule.

Für den Englischunterricht berichtet Lønstrup Nielsen (2023) von einer Lerneinheit, in deren Zentrum Fragen der kulturellen Identität standen. Inhaltlich beschäftigten sich die Lernenden mit Hong Kong, einer Stadt und Region mit bewegter Geschichte, die sich auch auf die Identität der Menschen dort auswirkt. Während Hong Kong sicherlich ein sehr passendes Beispiel für komplexe und auch durch Widerspruch gekennzeichnete Identitätsbildung ist, ist es doch nur das: ein Beispiel. Auf der Welt finden sich zahlreiche andere räumliche oder soziale Kontexte, die sich in gleichem Maße zur Auseinandersetzung mit den gleichen Fragen oder zum weiterführenden Transfer eignen. Insofern geht es in der Lerneinheit auch nicht (primär) darum, Faktenwissen zu Hong Kong zu sammeln – nur insofern es notwendig ist, um die komplexeren Fragen rund um Menschenrechte, Werte, Kultur, Freiheit und Identität zu thematisieren (Lønstrup Nielsen 2023: 95) und später auf andere Kontexte zu transferieren. Ganz ähnlich gehen Bjerregaard Sørensen und Bolander (2023) im Schulfach Französisch vor. Sie beschreiben eine Einheit, in der Lernende sich anhand einer Komödie mit kulturellen Stereotypen auseinandersetzen – konkret geht es um eine kongolesische Familie, die nach Frankreich kommt (Bjerregaard Sørensen/ Bolander 2023: 114). Unterliegende Themenkomplexe schließen Migration, kulturelle Identität und Postkolonialismus ein – Phänomene, die als Teil des GCE-Programms an der Rysensteen Schule aus verschiedenen Fachperspektiven beleuchtet werden.

Diese Beispiele werden für einige Lesende nicht bahnbrechend klingen: Daran zeigt sich, dass GCE sich mit bereits Bekanntem in den Didaktiken der Fremdsprachen umsetzen lässt. Exemplarisches und projekt-basiertes Lernen sind keine Neuerfindungen des GCE-Diskurses, allerdings entfalten sie innerhalb eines konsequenten GCE-orientierten Arrangements und Curriculums erst ihr volles Potential und können so auch im einzelnen Fach ein Stück weit dem bereits erwähnten *siloed approach* entgegenwirken. Silos – in diesem Kontext also die starke Fragmentierung in einzelne Fächer ohne nennenswerte interdisziplinäre Kollaboration und Kommunikation – führen zu Simplifizierung und rigidem Denken (Galloway i. V.). Dies ist Anbetracht der umfassenden Herausforderungen in Zeiten der Polykrise allerdings kontraproduktiv. Silos, so Galloway (i. V.), sind organisiert und projizieren Sicherheit; sie sind perfekt dazu geeignet, Getreide auf dem Feld zu lagern. Aber wenn es darum geht, Bildung zu innovieren, ist es notwendig, diese

Silo-Mentalität zu überwinden und interdisziplinär zusammenzuarbeiten. Die Diskussion in diesem Kapitel zeigt, dass es Mittel und Wege gibt, dem traditionellen Silo-System im Sinne von *Global Citizenship Education* als Bildungsparadigma entgegenzuwirken und integrierteres Lernen zu ermöglichen, auch wenn die Voraussetzungen für eine ganzheitliche Umsetzung von GCE als *whole school* Ansatz nicht erfüllt sind. Das hilft nicht nur dabei, die fremdsprachlichen Fächer als integralen Teil einer ganzheitlichen Bildung für Nachhaltigkeit und *global citizenship* zu verstehen, sondern schärft gleichzeitig auch das Bewusstsein für den fachspezifischen, einzigartigen Beitrag zu dieser Bildung aus fremdsprachlicher Perspektive. Auf den ersten Blick mag dies paradox erscheinen; jedoch bezeichnet es nichts anderes als das kontinuierliche Zusammenspiel des Einzelnen mit dem großen Ganzen, einen zentralen Gedanken in der Philosophie der GCE.

Aufgabe

Trivial Pursuit: Ein Phänomen, viele Perspektiven

Identifizieren Sie ein Thema, ein Problem oder ein Phänomen und betrachten Sie es von so vielen Fachperspektiven wie möglich – mindestens aber aus sechs Perspektiven, in Anlehnung an die Spielsteine bei *Trivial Pursuit*.

Beispiel: Migration

- Aus sprachlicher Sicht: Wie werden Migrationsgeschichten literarisch aufgearbeitet? Welche sprachlichen Veränderungen haben Migrationsbewegungen mit sich gezogen?

- Aus historischer Sicht: Wie hat sich Migration im Laufe der Zeit entwickelt? Welche Strukturen sind aus historischer Perspektive bei Migration ersichtlich (Ursachen, Motivation, Ziele)?
- Aus geographischer Sicht: Wie schlägt sich Migration räumlich und strukturell in der Ursprungsgesellschaft und in der Zielgesellschaft nieder?
- Aus musikalischer Sicht: Welchen Einfluss hat Migration auf die Genese neuer musikalischer Genres und Ausdrucksweisen?
- Aus kulinarischer Sicht: Wie bereichert Migration das kulinarische Profil der aufnehmenden Gesellschaft? Wie hat Migration (im Zusammenhang mit Kolonialismus) zur Verbreitung bestimmter Rezepte (z. B. portugiesische Küche) geführt?
- Aus ethischer Sicht: Welche Machtaspekte spielen bei Migration eine Rolle?

Identifizieren Sie den genuin fremdsprachendidaktischen Beitrag, den Ihr Fach zur umfassenden Beleuchtung des Themas, Problems oder Phänomens leisten kann.

Empfehlung zum Weiterlesen

Schultz/Blom (Hrsg.) 2023. Global Citizenship Education in Praxis. Pathways for Schools.

Dieses Buch beschreibt Hintergründe, Zielstellungen und die Umsetzung der ganzheitlichen Ausrichtung der dänischen Rysensteen Schule unter dem Leitbild der *Global Citizenship Education*. Die einzelnen Kapitel wurden von denjenigen Akteur:innen verfasst, die den Prozess sowohl intern in der Schule als Lehrkräfte als auch extern durch

Forschung oder Beratung begleitet haben. Unter anderem wird über die Umsetzung des Ansatzes aus fremdsprachlicher Perspektive (hier: Englisch und Französisch) berichtet.

Bourn (Hrsg.) 2023. Research in Global Learning. Methodologies for global citizenship and sustainable development education.

Die Beiträge in diesem Sammelband spiegeln aktuelle Forschungsansätze im Bereich des globalen Lernens wider und beleuchten dabei auch wie GCE und BNE in unterschiedlichen nationalen aber auch internationalen Bildungskontexten umgesetzt werden.

7 Ansätze zur unterrichtlichen Umsetzung

Auch wenn man von der curricularen/strukturellen Ebene auf die konkrete Ausgestaltung des Fremdsprachenunterrichts zoomt, muss die Hinwendung zur GCE kein abstrakter Ruf nach einem Paradigmenwechsel bleiben. Vielmehr kann hier auf Altbewährtes zurückgegriffen werden, was lediglich in den Rahmen eines GCE-orientierten Fremdsprachenunterrichts neu eingebettet wird. Dieses Kapitel beleuchtet, wie GCE im aufgabenbasierten Unterricht umgesetzt werden kann und stellt dabei zunächst grundsätzliche Gedanken zur Passung von aufgabenbasiertem Fremdsprachenlernen und GCE an, ehe praktische Ansätze aus der kritischen Pädagogik vorgestellt werden, die sich im kommunikativen Unterricht in besonderer Weise anbieten. Abschließend werden mit den Ideen des *walk within* und der *journey outside* (Gaudelli 2017) Metaphern besprochen, die bei der Planung und Ausgestaltung von Fremdsprachenunterricht im Sinne der GCE handlungsleitend sein können.

7.1 GCE und aufgabenbasiertes Fremdsprachenlehren und -lernen

Die in den sechs vorangegangenen Kapiteln geführte Diskussion von GCE-Ansätzen aus fremdsprachlicher Perspektive hat bereits einige Hinweise dazu geliefert, wie entsprechender Unterricht gestaltet werden könnte. Im Kontext von Menschenrechtserziehung formulieren Matz und Römhild (2021) die folgenden Prinzipien, die allerdings auch ganz allgemein für kommunikativen Fremdsprachenunterricht gelten können und hier für GCE-orientierten Unterricht adaptiert werden:

- Lernszenarien müssen **lebensweltlich relevant** sein, damit die Lernenden die Bedeutung von globaler Verbundenheit und geteilter Verantwortung als Kernzielen der GCE in ihren eigenen Alltagswelten sowie die eigene Wirksamkeit und Rolle im Spiel des Lokalen und des Globalen anerkennen.
- Dies erfordert ein hohes Maß an **Selbstreflektionsfähigkeit** und das **Bewusstsein über die eigene Position** in globalen Diskursen.
- Um globale Herausforderungen im kommunikativen Unterricht verhandeln zu können, brauchen Lernende Fähigkeiten der (kommunikativen) Problemlösung. Diese können durch **bedeutungsvolle, komplexe Aufgaben** angebahnt und gefördert werden, welche z. B. der Methode des *problem-posing* (s. unten) folgen und auf **kommunikative Handlung** abzielen.
- Zusätzlich dazu sollten **Materialien und Texte multimodal** sein und **verschiedene Perspektiven** auf ein Thema anbieten, um kurzsichtige (d. h. häufig auf der nationalen Ebene verbleibende) Perspektiven zu vermeiden.

Unterricht, der diesen Prinzipien folgt, zeichnet sich durch eine hohe Sprachhandlungsorientierung aus: Sich an globalen (und häufig digital geführten) Diskursen zu beteiligen und dabei in der Lage zu sein, verschiedene *citizenships* mit möglicherweise widersprüchlichen Implikationen für die eigene Position und Haltung auszuhalten und kommunikativ zu verhandeln sind zentrale Ziele eines solchen Fremdsprachenunterrichts. In anderen Worten: Es geht um die Ausbildung von Diskursfähigkeit (Hallet 2008; Marxl/Römhild 2023 a/b).

Insbesondere das Konzept der komplexen Kompetenzaufgabe (Hallet 2012; 2013; siehe auch Hallet/Krämer 2012) wird in der deutschsprachigen Fremdsprachendidaktik als besonders geeignet diskutiert, derlei komplexe Kompetenzen anzubahnen. Dabei steht der „handelnde Umgang mit Wissen" (Beckmann et al. 2016: 65) im Zentrum, das heißt im Kontext des Fremdsprachenlernens: die sprachliche Handlung. Lernende setzen sich mit einem Thema auseinander und verfolgen dabei das Ziel, ein kommunikatives, diskursives Lernprodukt zu erstellen. Ein Lernprodukt kann dabei verschiedenste Formen annehmen. Es ist dann diskursiv, wenn es Sprechanlässe schafft, das heißt, wenn Lernende dazu angeregt werden, sich während der Erstellung miteinander auszutauschen oder wenn das Ergebnis zur Anschlussdiskussion einlädt, beispielsweise weil mehrere Lösungen oder Lösungswege möglich sind. Komplexe Kompetenzaufgaben sind komplex, weil Lernende zu deren Bearbeitung eine Vielzahl an Kompetenzen abrufen und weiterentwickeln. Damit eignet sich die komplexe Kompetenzaufgabe in einzigartiger Weise dazu, den Anforderungen eines GCE-orientierten Fremdsprachenunterrichts gerecht zu werden.

7.2 Kritische Pädagogik: *Problem-posing, problem-solving*

Die oben angesprochene Diskursivität kann unter anderem über Methoden in Aufgaben angelegt werden, die aus der kritischen Pädagogik (siehe z. B. Gerlach 2020; Abdi/Misiaszek 2022) bekannt sind. Hierbei sind vor allem das *problem-posing* und *problem-solving* prominent (z. B. im Kontext der *ecopedagogy* bei Misiaszek 2016, 2018 oder im Kontext der kritischen Medienbildung bei Kellner/Share 2019 – in beiden Fällen basierend auf Freires (2000) transformativer Pädagogik). Dabei werden Lernende mit einem Problem oder einer Herausforderung konfrontiert (*problem-posing*), die zur eingehenden Beschäftigung mit dem Sachverhalt oder Thema einlädt und dabei komplexe Lernprozesse auslöst. Häufig gibt es die *eine* Lösung nicht, sondern es gilt, das Problem in seinem Ursprung und seinen Konsequenzen zu verstehen und sich – im Kontext des Fremdsprachenunterrichts – kommunikativ einer möglichen Lösung (*problem-solving*) zu nähern. Freires *problem-posing*-Pädagogik hilft Lernenden dabei, sich auf dialogische Art und Weise mit Herausforderungen auseinanderzusetzen und verfolgt damit die Devise: Der Weg ist das Ziel.

Eine aus den gesellschaftswissenschaftlichen Fächern bekannte, aber auch schon in der Fremdsprachendidaktik diskutierte Aktivität, die genau dies fördert, ist die *mystery*-Methode (z. B. Freitag-Hild/Strobel 2019). Hierbei rekonstruieren Lernende auf Basis eines gegebenen Ausgangs- und Endpunktes einer Situation eine bestimmte Kette von Ereignissen, die zum Endpunkt geführt haben könnte. Diese Art des Lehrens und Lernens ist hochkompatibel mit dem in Kapitel 6 beschriebenen Grundsatz des exemplarischen Lernens und der in Kapitel 4 diskutierten Sprachpädagogik der Hoffnung, deren Prinzipien dabei helfen, Lernende nicht mit Problemen zu überladen, sondern immer auch produktiv nach einer Besserung des Status quo zu suchen.

7.3 Das Spiel zwischen Selbst und Welt: *The walk within, the journey outside*

Im Zusammenhang mit der Frage, was es bedeutet, *globally educated* (im Sinne der GCE) zu sein, hebt Gaudelli (2017; 2023) als einen bedeutenden Aspekt das Verständnis für Interdependenzen hervor, welches sich als Spiel zwischen dem Selbst und der Welt in alltäglicher Praxis, in alltäglichen Diskursen und alltäglichem Gedankengut manifestiert. Dabei spricht er auch über zwei Prozesse, die für ihn beim Unterfangen zentral sind, ein Bewusstsein für diese Interdependenzen zu entwickeln: *the walk within* und *the journey outside*. Diese dienen nicht nur auf einer abstrakten, kognitiven Metaebene als Metaphern für das komplexe und kontinuierliche Spiel zwischen Selbst und Welt, sondern können auch bei der Unterrichtsgestaltung handlungsleitend sein.

The walk within

Gaudelli bemüht die Metapher eines Gangs im Inneren, des *walk within*, um zu beschreiben, dass und wie Lernende sich mit sich selbst auseinandersetzen: Hier geht es um das Individuum, sowohl in körperlicher als auch in mentaler Hinsicht; es geht darum, zu erkennen und ein Bewusstsein dafür zu entwickeln, wie sich Lernende selbst in dieser Welt situieren, die eigene Subjektivität und Positionalität anzuerkennen und zu reflektieren. In anderen Worten müssen Lernende dabei unterstützt werden, ein hohes Maß an Selbstreflektion zu erreichen, um zu eruieren, wie sie sich zu globalen Themen und zu anderen Menschen auf unterschiedlichen Ebenen der Zugehörigkeit verhalten. Vor dem

Hintergrund eines auf Sprachhandlung abzielenden fremdsprachlichen Unterrichts beschreibt Becker das Potenzial des *walk within* wie folgt:

> If, then, the walk within is to be understood as becoming aware of one's position as both a subject and an agent in the world, in the EFL context this can be translated as becoming aware of one's position as a co-constructor of cultural meaning. (Becker 2022: 454)

Ein klassisches Thema im frühen Fremdsprachenunterricht ist die Familie. Fragen, die bei diesem Thema im Sinne des *walk within* gestellt werden könnten, beinhalten: Welches Familienbild habe ich? Wer ist meine Familie? Wie gehöre ich in diese Familie? Was wünsche ich mir von einer Familie? Was und wie trage ich zur Familie / zum Familienleben bei?

The journey outside

Der zweite Part der dualen Dynamik, die Gaudelli (2017) beschreibt, ist das Nachvollziehen dessen, wie die eigenen Erfahrungen, Ideen, Gedanken und Haltungen, also die eigene Subjektivität und Positionalität, sich über die verschiedenen konzentrischen Ebenen der Zugehörigkeit (siehe Kapitel 5) hinweg verhalten. Römhild und Gaudelli erläutern:

> [The journey outside] refers to the surroundings, in the shape of family, fellow citizens, and eventually the whole world. [...] Recognizing these different scales provides us with a deeper understanding of who we are in this world; it gives us a sense of belonging and shared responsibility in the global age. (Römhild/Gaudelli 2021: 113)

Mit Blick auf den Fremdsprachenunterricht hält Becker (2022: 455) fest, dass es hierbei darum geht, dass Lernende ihre kommunikativen Kompetenzen dazu nutzen, in verschiedenen lokalen, regionalen, nationalen oder globalen Diskursen teilzunehmen. Das Beispiel Familie von oben fortführend könnten folgende Fragestellungen als Ausgangspunkte für die *journey outside* dienen: Wie sehen andere Familienmitglieder unsere Familie? Welches Familienbild haben meine Mitschüler:innen? Welche alternativen Familienbilder gibt es und sind diese in irgendeiner Weise auf mich und meine Umgebung zutreffend?

Zusammen repräsentieren *walk within* und *journey outside* die Idee einer dualen Dynamik, die das kontinuierliche, komplexe Spiel zwischen dem Selbst und der Welt beschreibt. Diese Idee ist keinesfalls eine Erfindung des 21. Jahrhunderts oder des GCE-Diskurses. Vielmehr lässt sie sich unter anderem zu Bildungsphilosophien zurückführen, die mit John Dewey oder Maria Montessori assoziiert werden. Darüber hinaus lassen sich konzeptionelle Bezüge zum in Kapitel 5 diskutierten *rooted cosmopolitanism* (Kymlicka/Walker 2012), zum deutschen Konzept des Lebensweltbezugs oder auch zur Diskursfähigkeit und dem Teilaspekt der Bewusstwerdung der eigenen Positionalität in Diskursen (Marxl/Römhild 2023 b) herstellen.

Mit Blick auf die konkrete Gestaltung des GCE-orientierten Fremdsprachenunterrichts ergibt sich aus diesen Metaphern die Notwendigkeit des kontinuierlichen Bezugs globaler Themen auf die eigene gelebte und erfahrene Alltagswelt (Lebensweltbezug), über welchen als weit weg wahrgenommene Problem- und Fragestellungen zugänglich gemacht werden können. Dabei kann die eigene Erfahrung als Ausgangspunkt für Lernende dienen, ebenso denkbar ist aber auch das Zurückführen globaler Themen auf das Selbst gegen Ende einer Lerneinheit oder das Innehalten zwischendurch, um die eigene Haltung zu einem bestimmten Thema zu reflektieren.

Wie dies gelingen kann, zeigt eine stetig wachsende Zahl an Beiträgen in der Forschungsliteratur. So nutzen etwa Römhild, Siepmann und Bruns (2023) den *walk within* und die *journey outside* sowohl als Planungshilfe für eine Unterrichtseinheit in einem 12. Klasse Englischleistungskurs als auch als Hilfe und Orientierung bei der Gestaltung von Aufgabenstellungen, die es den Lernenden erlauben, sich auf konstruktive und kommunikativ-produktive Weise mit den SDGs auseinanderzusetzen. Auch die Beitragenden zu Wintersteiner und Zelgers (2021) Sonderausgabe der *ide*-Zeitschrift zeigen, wie der Blick auf eigene Verhaltens- und Denkmuster als Anlass für oder Ziel von GCE im Unterricht dienen kann. Darüber hinaus gibt es einen immer größer werdenden Pool an Aufsätzen und Materialien, die Lehrende dabei unterstützen, GCE in die Klassenräume zu integrieren, zum Beispiel mithilfe von Bilderbüchern (Mastellotto 2023) oder über verschiedene Aktivitäten zu ethisch herausfordernden globalen Fragestellungen (Pashby/Sund 2023).

Aufgabe

Mein walk within und meine journey outside

Wählen Sie ein beliebiges Thema, eine Idee, eine Erfahrung oder ein Phänomen – im Text wurde bereits das Beispiel Familie gewählt.

Wie verhalten Sie sich als Individuum zu diesem Thema – physisch und kognitiv? Identifizieren Sie Fragen, die Ihnen dabei helfen, Ihre eigene Positionalität und Subjektivität gegenüber dieses Themas zu reflektieren.

Überdenken Sie, wie sich Ihre eigene Position zu anderen Positionen, Ideen, Erfahrungen auf immer weiter werdenden Ebenen der Zugehörigkeit verhält: Über Ihre Familienmitglieder, Freunde und Kollegen; über den Sportverein, die Kirchengruppe oder die Schulgemeinschaft; über das Dorf oder die Stadt, und so weiter. Wie verändert sich Ihre eigene Perspektive auf dieses Thema, wenn Sie es aus nationaler oder aus globaler Sicht betrachten? Wie verändert sich die Art und Weise, wie Sie über das Thema sprechen zwischen verschiedenen Sprachen? An welchen Stellen, zwischen welchen Ebenen, ergeben sich Widersprüche?

Empfehlungen zum Weiterlesen

UNESCO 2015. Global Citizenship Education. Topics and Learning Objectives.

In diesem Dokument beleuchtet die UNESCO wie GCE im Klassenzimmer umgesetzt werden kann. Dabei spielen auch die Diagnose und Bewertung eine Rolle.

Pashby/Sund 2023. Teaching for sustainable development through ethical global issues pedagogy: A resource for secondary teachers.

Die Autor:innen bieten mit dieser Ressource sowohl einen konzeptionellen Rahmen als auch konkrete Aktivitäten für die Unterrichtspraxis an, um ethische globale Fragen zu diskutieren. Dabei dient das HEADS UP Konzept dazu, die Lerneinheiten zu strukturieren (**H**egemonie, **E**thnozentrismus, **A**historismus, **D**epolitisierung, **S**alvationismus, **U**nkomplizierte Lösungen, Paternalismus). Die Ressource ist auf verschiedenen Sprachen online erhältlich (über den QR-Code).

Ein Paradigmenwechsel zur *Global Citizenship Education*? ~ Zusammenfassung und Ausblick

Das vorliegende Buch ging von der doppelten Beobachtung aus, dass der international geführte GCE-Diskurs einerseits zu weit ist, um einen leichten Einstieg ins Thema zu gewährleisten und andererseits GCE aus fremdsprachendidaktischer Perspektive noch nicht hinreichend erschlossen ist. Die hier in sieben Kapiteln geführte Diskussion stellt daher den Versuch dar, eine strukturierte Annäherung an GCE und damit verbundene Fragestellungen aus fremdsprachendidaktischer Sicht zu ermöglichen. Aufbauend auf konzeptionellen Grundlagen wurden exemplarisch zwei Bereiche fremdsprachlichen Lehrens und Lernens herausgegriffen, in denen sich das transformative Potential eines GCE-Ansatzes im Unterricht offenbart. Anschließend wurden die curricularen und unterrichtspraktischen Implikationen skizziert, die eine konsequente Hinwendung zur GCE im Fremdsprachenunterricht mit sich bringt.

Dabei kann dieses Buch jedoch nur einen ersten, sehr limitierten Einblick in die vielschichtigen Diskussionen, Argumente, Ansätze und Theorien anbieten, die den GCE-Diskurs bilden. Beispielsweise wären auch andere oder weitere Fokus-Kapitel lohnend, etwa mit Blick auf Digitalität, sprachliches Lernen oder den Einsatz von Literatur im GCE-orientierten Unterricht. Gleichwohl bedarf es auch im GCE-Diskurs noch der verstärkten Auseinandersetzung mit konkreten Übertragungsmöglichkeiten der Konzepte und Theorien in die unterrichtliche Praxis, zum

Beispiel im Kontext der Erstellung altersgerechter Materialien oder im Zusammenhang mit Fragen der Diagnose und Bewertung.

Ob wir uns in der Fremdsprachendidaktik und Bildungsforschung allgemein gerade in einem *global turn*, einer globalen Wende, befinden, in der sich GCE als wegweisende Bildungsphilosophie herausstellt, werden erst die nächsten Jahre und Jahrzehnte zeigen. Fest steht heute aber bereits, dass sich mit einer konsequenten Hinwendung zur GCE vielfältige neue Perspektiven zur weiteren Erforschung und unterrichtlichen Erprobung in den fremdsprachlichen Fächern anbieten. Unter dem Schirm der Bildung für *Global Citizenship* und Nachhaltigkeit ergeben sich vor allem (aber nicht nur) für den Fremdsprachenunterricht Möglichkeiten, die eigenen fachlichen Grenzen neu zu denken, den eigenen, einzigartigen Beitrag zu den Zielen dieser Bildungsagenda zu reflektieren und zu konturieren.

Literaturnachweise

Abdi, A./Misiaszek, G. (Hrsg.) (2022). *The Palgrave Handbook on Critical Theories of Education*. London: Bloomsbury.

Aboagye, E./Dlamini, S. N. (2021). *Global Citizenship Education: Challenges and Successes*. Toronto: University of Toronto Press.

Alter, G. (2015). Greening the EFL Classroom: Environmental Agency as an Education for Sustainable Living. In: Lütge, C. (Hrsg.). *Global Education: Perspectives for English Language Teaching*. Münster: LIT, 57–92.

Alter, G./Wehrmann, J. (2022). Auf dem Weg zu einer Kulturdidaktik des Globalen Lernens: Konzeptionelle Überlegungen zu fachexternen Impulsen und fremdsprachdidaktischen Entwicklungen. In: König, L./Schädlich, B./Surkamp, C. (Hrsg.). *unterricht_kultur_theorie: Kulturelles Lernen im Fremdsprachenunterricht gemeinsam anders denken*. Berlin: J. B. Metzler, 91–112.

Anderson, B. (1983). *Imagined communities. Reflections on the origin and spread of nationalism*. New York: Verso.

Andreotti, V. (2006). Soft versus Critical Global Citizenship Education. In: *Policy and Practice: A Development Education Review* 3, 40–51.

Andreotti, V. (2014). Soft versus Critical Global Citizenship Education. In: McCloskey, S. (Hrsg.). *Development Education in Policy and Practice*. London: Palgrave Macmillan, 21–31.

Andreotti, V. (2021). *Hospicing Modernity: Facing Humanity's Wrongs and the Implications for Social Activism*. New York: Penguin Random House.

Appadurai, A. (1996). *Modernity at Large. Cultural Dimensions of Globalization*. Minneapolis: University of Minnesota Press.

Appadurai, A. (2001). Deep Democracy: Urban Governmentality and the Horizon of Politics. In: *Environment and Urbanization* 13 (2), 23–43.

Appiah, K. A. (2006). *Cosmopolitanism. Ethics in a World of Strangers.* New York: W. W. Norton & Company.

Ballin, B./Griffin, H. (Hrsg.) (1999). *Building Blocks for Global Learning. PSHE in the Early Years.* Derby: Global Education Derby.

Banks, J. A. (2008). Diversity, Group Identity, and Citizenship Education in a Global Age. In: *Educational Researcher* 37 (3), 129–39.

Bartosch, R. (2022). Agonalität als Aufgabe: Relativität und Bildung für Nachhaltigkeit in der inklusiven Englischdidaktik. In: Führer et al. (Hrsg.). *Relativität und Bildung. Fachübergreifende Herausforderungen und fachspezifische Grenzen.* Münster: Waxmann, 179–191.

Bartosch, R./Derichsweiler, S./Heidt, I. (2022). Against '*Values*'? Komplexe Konflikte, *symbolic power* und die Aushandlung von Widerstreit. In: König, L./Schädlich, B./Surkamp, C. (Hrsg.). *unterricht_kultur_theorie: Kulturelles Lernen im Fremdsprachenunterricht gemeinsam anders denken.* Berlin: J. B. Metzler, 73–89.

Beacco, J.-C./Byram, M./Cavalli, M./Coste, D./Egli Cuenat, M./Goullier, F./Pathier, J. (2016). *Guide for the Development and Implementation of Curricula for Plurilingual and Pluricultural Education.* Strasbourg: Council of Europe Publications.

Beck, S. (2023). *Dannelse* – A Danish Concept in Historical and Contemporary Perspectives. In: Schultz, A./Blom, M. (Hrsg.). *Global Citizenship Education in Praxis. Pathways for Schools.* Bristol: Multilingual Matters, 9–16.

Becker, D. (2022). Hashtags and Environmental Literacy in the EFL Classroom. In: *Zeitschrift für Anglistik und Amerikanistik*, 4, 449–465.

Beckmann, O./Bommersheim, S./Dietrich, T./Heuper, W./Kallauch, M./Leisen, J./Schulte-Melchior, R./Suwelack, W./Woelk, W./Zimmer, T. (2016). *Guter Unterricht schafft Lerngelegenheiten. Ein Lehr-Lern-Modell für die Lehrerausbildung und das Lehrercoaching.* Norderstedt: Books on Demand.

Beutel, M. (2018). *Teaching Cosmopolitanism through Transnational Literature in English. An Empirical Evaluation of Students' Competence Development in a Life-Writing Approach to Teaching Literature.* Frankfurt a. M.: Peter Lang.

Bjerregaard Sørensen, L./Bolander, L. (2023). Global *Dannelse* and French. In: Schultz, A./Blom, M. (Hrsg.). *Global Citizenship Education in Praxis. Pathways for Schools*. Bristol: Multilingual Matters, 107–115.

Blell, G./Doff, S. (2014). It Takes More Than Two for This Tango: Moving Beyond the Self/Other-binary in Teaching about Culture in the Global EFL-classroom. In: *Zeitschrift Für Interkulturellen Fremdsprachenunterricht* 19 (1), 77–96.

Bolten, J. (Hrsg.) (2016). *Interculture journal. Online-Zeitschrift für interkulturelle Studien. Sonderausgabe: (Inter–) Kulturalität neu denken! Rethinking Interculturality*, 15 (26). Berlin: Wissenschaftlicher Verlag Berlin.

Bosio, E. (Hrsg.) (2021). *Conversations on Global Citizenship Education. Perspectives on Research, Teaching, and Learning in Higher Education*. New York: Routledge.

Bosio, E./Waghid, Y. (2023). Global citizenship education as a living ethical philosophy for social justice. In: *Citizenship Teaching & Learning* 18, 151–158.

Bourn, D. (Hrsg.) (2023). *Research in Global Learning. Methodologies for global citizenship and sustainable development education*. London: UCL Press.

Bredella, L./Christ, H. (1995). *Didaktik des Fremdverstehens*. Tübingen: Narr.

Burner, T./Porto, M. (Hrsg.) (2024). *Language Learning and Human Rights Education*. Special Issue of *Human Rights Education Review*. 7 (1).

Byram, M. (1997). *Teaching and Assessing Intercultural Communicative Competence*. Clevedon: Multilingual Matters.

Byram, M. (2021). *Teaching and Assessing Intercultural Communicative Competence*. Revisited. Clevedon: Multilingual Matters.

Calhoun, C. (2017). A Cosmopolitanism of Connections. In: Robbins, B./Lemos Horta, P. (Hrsg.). *Cosmopolitanisms*. New York: New York University Press, 189–200.

Camicia, S. P./Franklin, B. M. (2011). What Type of Global Community and Citizenship? Tangled Discourses of Neoliberalism and

Critical Democracy in Curriculum and Its Reform. In: *Globalisation, Societies and Education* 9 (3–4), 311–322.

Canagarajah, S. (2013). *Translingual practice: Global Englishes and cosmopolitan relations.* New York: Routledge.

Cates, K. (2004). Global Education. In: Byram, M. (Hrsg.). *Routledge Encyclopedia of Language Teaching and Learning.* London/New York: Routledge, 241–243.

Cates, K. (2022). Global Education as a Cross-curricular Approach to Language Teaching for Democracy. In: *Iranian Journal of Language Teaching Research* 10 (3), 75–96.

Chandelier, M./Camilleri-Grima, A./de Pietro Castellotti, J.-F./Lörincz, I./Meißner, F.-M./Noguerol, A./Schröder-Sura, A. (2012). *FREPA – A Framework of Reference for Pluralistic Approaches to Languages and Cultures. Competences and resources.* Strasbourg: Council of Europe.

Council of Europe (2001). *Common European Framework of References for Languages: Learning, teaching, assessment.* Strasbourg: Council of Europe Publications.

Council of Europe (2020). *Common European Framework of References for Languages: Learning, teaching, assessment. Companion Volume.* Strasbourg: Council of Europe Publications.

Davies, L. (2006). Global Citizenship. Abstraction or Framework for Action? In: *Educational Review* 58 (1), 5–25.

Delanoy, W. (2006). Transculturality and (Inter-)Cultural Learning in the EFL Classroom. In: Delanoy, W./Volkmann, L. (Hrsg.). *Cultural Studies in the EFL Classroom.* Heidelberg: Winter, 233–248.

Delanoy, W. (2012). From 'Inter' to 'Trans'? Or: Quo Vadis Cultural Learning? In: Eisenman, M./Summer, T. (Hrsg.). *Basic Issues in EFL Teaching and Learning.* Heidelberg: Winter. 157–169.

Delanoy, W. (2022). Dialogue, Cosmopolitanism, and Language Education. In: Dunaj, L./Mertel, K. (Hrsg.). *Hans-Herbert Kögler's Critical Hermeneutics.* London/New York: Bloomsbury, 123–138.

Delanoy, W. (2023). Quo Vadis Cultural Learning and Language Education? In: Römhild, R./Marxl, A./Matz, F./Siepmann, P. (Hrsg.). *Rethinking Cultural Learning – Cosmopolitan Perspectives on Language Education.* Trier: WVT, 115–136.

Deutsche UNESCO Kommission (o. J. a): Deutsche Projektschulen. Online verfügbar unter: https://www.unesco.de/bildung/unesco-projektschulen/unesco-projektschulen-deutschland, letzter Zugriff: 02.12.2023.

Deutsche UNESCO Kommission (o. J. b): Whole Institution Approach. Der ganzheitliche BNE-Ansatz. Online verfügbar unter: https://www.unesco.de/node/6100, letzter Zugriff: 02.12.2023.

Diehr, B. (2021). Warum Bildung für nachhaltige Entwicklung den Fremdsprachenunterricht braucht. In: Burwitz-Melzer, E./Riemer, C/Schmelter, L. (Hrsg.). *Entwicklung von Nachhaltigkeit beim Lehren und Lernen von Fremd- und Zweitsprachen. Arbeitspapiere der 41. Frühjahrskonferenz zur Erforschung des Fremdsprachenunterrichts*. Tübingen: Narr Francke Attempto, 32–42.

Diehr, B. (2023). Fake News and Critical Literacy in Foreign Language Education. In: Römhild, R./Marxl, A./Matz, F./Siepmann, P. (Hrsg.). *Rethinking Cultural Learning – Cosmopolitan Perspectives on Language Education*. Trier: WVT, 171–188.

Dobson, A. (2003). *Citizenship and the Environment*. Oxford: Oxford University Press.

Dower, N./Williams, J. (2002). *Global Citizenship. A Critical Introduction.* New York: Routledge.

Eckert, J./Wendt, M. (Hrsg.). (2003). *Interkulturelles und transkulturelles Lernen im Fremdsprachenunterricht.* Frankfurt a. M.: Peter Lang.

Falk, R. (2002). An Emergent Matrix of Citizenship. Complex, Uneven, and Fluid. In: Dower, N. and Williams, J. (Hrsg.). *Global Citizenship. A Critical Introduction*. New York: Routledge, 25–47.

Freire, P. (2000). *Pedagogy of the Oppressed. 30th Anniversary Edition.* New York: Continuum.

Freire, P. (2004). *Pedagogy of Indignation*. Boulder: Paradigm Publishers.

Freitag-Hild, B. (2010). *Theorie, Aufgabentypologie und Unterrichtspraxis inter- und transkultureller Literaturdidaktik. British Fictions of Migration im Fremdsprachenunterricht.* Trier: WVT.

Freitag-Hild, B. (2022). Kulturelles Lernen und Bildung für nachhaltige Entwicklung im Fremdsprachenunterricht. In: Surkamp,

C. (Hrsg.). *Bildung für nachhaltige Entwicklung im Englischunterricht: Grundlagen und Unterrichtsbeispiele.* Hannover: Klett/Kallmeyer, 60–77.

Freitag-Hild, B./Stobel, K. (2019). Die Mystery-Methode. Globale Zusammenhänge problemorientiert und kooperativ erarbeiten. In: Freitag-Hild, B. (Hrsg.): *Der Fremdsprachliche Unterricht Englisch* 159, 8–9.

Galloway, N. (i. V.). What's in a name? Global Englishes – an umbrella term to address silo mentality or a misunderstood paradigm reinforcing silos? *TESOL Quarterly.*

Galloway, N./Rose, H. (2015). *Introducing Global Englishes.* Abingdon: Routledge.

Galloway, N./Rose, H. (2018). Incorporating Global Englishes into the ELT classroom. *ELT Journal* 72 (1), 3–14.

García García, M./Schädlich, B. (2022). Was sind die Zielsetzungen kulturellen Lernens im Fremdsprachenunterricht? Einführung in das Panel ‚Wofür?'. In: König, L./Schädlich, B./Surkamp, C. (Hrsg.). *unterricht_kultur_theorie: Kulturelles Lernen im Fremdsprachenunterricht gemeinsam anders denken.* Berlin: J. B. Metzler, 59–72.

Gaudelli, W. (2009). Heuristics of Global Citizenship Discourses towards Curriculum Enhancement. In: *Journal of Curriculum Theory* 25 (1), 68–85.

Gaudelli, W. (2016). *Global Citizenship Education. Everyday Transcendence.* New York: Routledge.

Gaudelli, W. (2017). Global Citizenship Education. Online verfügbar unter: https://www.youtube.com/watch?v=WbALWGk9xrk, letzter Zugriff: 29.11.2023.

Gaudelli, W. (2023). Global Citizenship Education. In: Römhild, R./Marxl, A./Matz, F./Siepmann, P. (Hrsg.). *Rethinking Cultural Learning – Cosmopolitan Perspectives on Language Education.* Trier: WVT, 37–49.

Gerlach, D. (2020). Einführung in eine kritische Fremdsprachendidaktik. In: Gerlach, D. (Hrsg.). *Kritische Fremdsprachendidaktik.* Tübingen: Narr Francke Attempto, 7–31.

Habermas, J. (1996). *Die Einbeziehung des Anderen: Studien zur politischen Theorie*. Frankfurt a. M.: Suhrkamp.

Hahn, C. (2020). Human Rights Teaching: Snapshots From Four Countries. In: *Human Rights Education Review* 3 (1), 8–30.

Hallet, W. (2002). *Fremdsprachenunterricht als Spiel der Texte und Kulturen. Intertextualität als Paradigma einer kulturwissenschaftlichen Didaktik*. Trier: WVT.

Hallet, W. (2008). Diskursfähigkeit heute. Der Diskursbegriff in Piephos Theorie der kommunikativen Kompetenz und seine zeitgemäße Weiterentwicklung für die Fremdsprachendidaktik. In: Legutke, M. (Hrsg.). *Kommunikative Kompetenz als fremdsprachliche Vision*. Tübingen: Narr, 76–96.

Hallet, W. (2012). Die komplexe Kompetenzaufgabe. Fremdsprachige Diskursfähigkeit als kulturelle Teilhabe und Unterrichtspraxis. In: Hallet, W./Krämer, U. (Hrsg.). *Kompetenzaufgaben im Englischunterricht. Grundlagen und Unterrichtsbeispiele.* Seelze: Klett/Kallmeyer, 8–19.

Hallet, W. (2013). Die komplexe Kompetenzaufgabe. In *Der fremdsprachliche Unterricht Englisch*, 124, 2–11.

Hantzopoulos, M./Bajaj, M. (2021). *Educating for peace and human rights*. London: Bloomsbury Academic.

Hayward, B. (2012). *Children, citizenship and environment. Nurturing a democratic imagination in a changing world*. New York: Routledge.

Heidt, I./Freitag-Hild, B. (2023). Critical Global Citizenship Education in the EFL Classroom: Developing Critical Literacy and Symbolic Competence. In: Römhild, R./Marxl, A./Matz, F./Siepmann, P. (Hrsg.). *Rethinking Cultural Learning – Cosmopolitan Perspectives on Language Education*. Trier: WVT, 99–114.

Højlund Roesgaard, M./Byram, M. (2023). Global Citizenship Education in the Wider World. In: Schultz, A./Blom, M. (Hrsg.). *Global Citizenship Education in Praxis. Pathways for Schools*. Bristol: Multilingual Matters, 17–26.

hooks, b. (2003). *Teaching community: A pedagogy of hope*. New York: Routledge.

Jackson, L. (2019). *Questioning Allegiance. Resituating Civic Education*. London/New York: Routledge.

Jackson, L. (2023). Cosmopolitan Education. In: Römhild, R./Marxl, A./Matz, F./Siepmann, P. (Hrsg.). *Rethinking Cultural Learning – Cosmopolitan Perspectives on Language Education*. Trier: WVT, 19–35.

Kellner, D./Share, J. (2019). *The Critical Media Literacy Guide. Engaging Media and Transforming Education*. Leiden/Boston: Brill Sense.

King, M. L. (1967). *Christmas Sermon on Peace*. Online verfügbar unter: https://onbeing.org/blog/martin-luther-kings-last-christmas-sermon/, letzter Zugriff: 12.04.2024.

[KMK] Sekretariat der ständigen Konferenz der Kultusminister der Länder der Bundesrepublik Deutschland (Hrsg.) (2014). *Bildungsstandards für die fortgeführte Fremdsprache für die Allgemeine Hochschulreife: Beschluss der Kultusministerkonferenz vom 18.10.2012.* Bonn: Engagement Global.

[KMK] Sekretariat der ständigen Konferenz der Kultusminister der Länder der Bundesrepublik Deutschland (Hrsg.) (2016). *Curriculum Framework Education for Sustainable Development. 2nd updated and extended edition*. Bonn: Engagement Global.

[KMK] Sekretariat der ständigen Konferenz der Kultusminister der Länder der Bundesrepublik Deutschland (Hrsg.) (2017). *Orientierungsrahmen für den Lernbereich Globale Entwicklung. Teilausgabe Neue Fremdsprachen (Englisch, Französisch, Spanisch)*. Bonn: Engagement Global.

[KMK] Sekretariat der ständigen Konferenz der Kultusminister der Länder der Bundesrepublik Deutschland (Hrsg.) (2023). *Bildungsstandards für die erste Fremdsprache (Englisch/Französisch) für den Ersten Schulabschluss und den Mittleren Schulabschluss*. Bonn: Engagement Global.

König, L./Römhild, R./Schildhauer, P. (Hrsg.) (2023). *Der Fremdsprachliche Unterricht Englisch (FUE): Global Englishes (183).*

König, L./Schädlich, B./Surkamp, C. (Hrsg.) (2022 a). *unterricht_kultur_theorie: Kulturelles Lernen im Fremdsprachenunterricht gemeinsam anders denken*. Berlin: J. B. Metzler.

König, L./Schädlich, B./Surkamp, C. (2022 b). unterricht_kultur_theorie – Kulturelles Lernen im Fremdsprachenunterricht gemeinsam anders denken: Zur Einführung in den Sammelband In: König, L./Schädlich, B./Surkamp, C. (Hrsg.). *unterricht_kultur_theorie: Kulturelles Lernen im Fremdsprachenunterricht gemeinsam anders denken.* Berlin: J. B. Metzler, 3–30.

Kraidy, M. M. (2005). *Hybridity: Or the Cultural Logic of Globalization.* Philadelphia:Temple University Press.

Kramsch, C. (1993). *Context and Culture in Language Teaching.* Oxford: Oxford University Press.

Kramsch, C. (2019). Between globalization and decolonization: Foreign languages in the cross-fire. In: Macedo, D. (Hrsg.). *Decolonizing foreign language education. The misteaching of English and other colonial languages.* London/New York: Routledge, 50–72.

Kreft, A. (2020). *Transkulturelle Kompetenz und literaturbasierter Fremdsprachenunterricht. Eine rekonstruktive Studie zum Einsatz von ‚Fictions of Migration' im Fach Englisch.* Frankfurt a. M.: Peter Lang.

Kroschewski, A. (2022). Bildung für nachhaltige Entwicklung in curricularer Perspektive. In: Surkamp, C. (Hrsg.). *Bildung für nachhaltige Entwicklung im Englischunterricht: Grundlagen und Unterrichtsbeispiele.* Hannover: Klett/Kallmeyer, 147–162.

Kymlicka, W./Walker, K. (2012). *Rooted Cosmopolitanism. Canada and the World.* Vancouver: UBC.

Lønstrup Nielsen, M. (2023). Hong Kong and the Question of Cultural Identity – The English Subject and Global *Dannelse.* In: Schultz, A./Blom, M. (Hrsg.). *Global Citizenship Education in Praxis. Pathways for Schools.* Bristol: Multilingual Matters, 87–96.

López, A. (2021). *Ecomedia Literacy. Integrating Ecology into Media Education.* New York: Routledge.

Louiselle, Connor D. (2022). Solarpunk: The Fruitful Revolution. In: Wagner, P./Wieland,B. C. (Hrsg.): *Almanac for the Anthropocene. A Compendium of Solarpunk Futures.* Morgantown: West Virginia University Press, 139–151.

Lütge, C./Merse, T. (2022). Digital Citizenship in Foreign Language Learning and Teaching: Educating the Global Citizens of the Future. In: Lütge, C./Merse, T./Rauschert, P. (Hrsg.). *Global*

Citizenship in Foreign Language Education. Concepts, Practices, Connections. New York: Routledge, 226–247.

Lütge, C./Merse, T./Rauschert, P. (Hrsg.) (2022). *Global Citizenship in Foreign Language Education. Concepts, Practices, Connections.* New York: Routledge.

Marxl, A./Römhild, R. (2023 a). Cosmopolitan Minds, Global Discourses, and the Significance of Language Education. In: Römhild, R./Marxl, A./Matz, F./Siepmann, P. (Hrsg.). *Rethinking Cultural Learning – Cosmopolitan Perspectives on Language Education*. Trier: WVT, 81–98.

Marxl, A./Römhild, R. (2023 b). Kritische Diskursfähigkeit im Fremdsprachenunterricht – Ein Beitrag zur Ausdifferenzierung eines Leitkonzepts schulischer Bildung. *Fremdsprachen Lehren Und Lernen (FLuL)* 52 (1), 102–117.

Mastellotto, L. (2023). Global Citizenship Education with Picture Books in English Language Learning. In: *Zeitschrift für interkulturellen Fremdsprachenunterricht* 28 (1), 210–240.

Matz, F. (2021). 'We can't make it ours, unless we're in it' – Contemporary young adult drama and political education in EFL learning. In Lütge, C./von Blanckenburg, M. (Hrsg.), *Drama in Foreign Language Education: Texts & Performances*. Münster: LIT, 55–78.

Matz, F. (2023). Peace Education and the (Foreign) Language Classroom. In: Römhild, R./Marxl, A./Matz, F./Siepmann, P. (Hrsg.). *Rethinking Cultural Learning – Cosmopolitan Perspectives on Language Education*. Trier: WVT, 189–207.

Matz, F./Marxl, A. (2020). Methods in action: Teaching human rights in the language classroom. *Praxis Englisch 1*, 48–49.

Matz, F./Römhild, R. (2021). 'Our Beloved Humanity' – Children's Rights Education through Antiracist YA Literature. Conference Presentation at *Rassismuskritischer Fremdsprachenunterricht. Aktuelle Perspektiven und Herausforderungen*, Universität Jena, 12. November 2021.

Matz, F./Römhild, R. (2024): Critical language education for peace – On the significance of communicative agency for education for peace and sustainable development. In: *International Journal of Human Rights Education* 8 (1), 1–26.

Matz, F./Rogge, M. (i. V., 2024). (In-)visible Children – Advocating for Children in Need Kinderarmut im Rahmen von Kinderrechten begreifen und thematisieren lernen. In: Römhild, R./Surkamp, C. (Hrsg.). *Der Fremdsprachliche Unterricht Englisc*h (FUE): *Hope & Advocacy* (191).

Mauch, C. (2019). Slow Hope. Rethinking Ecologies of Crisis and Fear. In: *RCC Perspectives: Transformations in Environment and Society* 2019, 1, 3–41.

Mayer, S./Wilson, G. (2006). Ecodidactic perspectives on English language, literature and cultures: An introduction. In Mayer, S./ Wilson G. (Hrsg.). *Ecodidactic perspectives on English language, literatures and cultures*. Trier: WVT, 1–5.

Mesa, M. (2023). Global Citizenship Education in Times of Pandemic: New Approaches for Transforming the World. In Tarozzi, M./ Bourn, D. (Hrsg.). *Pedagogy of hope for global social justice. Sustainable futures for people and the* planet. London: Bloomsbury, 30–43.

Mignolo, W. (2011). Border Thinking, Decolonial Cosmopolitanism and Dialogues Among Civilizations. In: Rovisco, M./Nowicka, M. (Hrsg.). *The Ashgate Research Companion to Cosmopolitanism*. Farnham & Burlington: Ashgate, 329–348.

Misiaszek, G. W. (2016). Ecopedagogy as an Element of Citizenship Education. The Dialectic of Global/Local Spheres of Citizenship and Critical Environmental Pedagogies. In: *International Review of Education* 62 (5), 587–607.

Misiaszek, G. W. (2018). *Educating the Global Environmental Citizen. Understanding Ecopedagogy in Local and Global Contexts*. New York: Routledge.

Misiaszek, G. W. (2022). *Ecopedagogy. Critical Environmental Teaching for Planetary Justice and Global Sustainable Development*. New York: Bloomsbury.

Nambiar, P./Sarabhai K. V. (2015). Challenges that lie ahead for ESD. In: *Journal of Education for Sustainable Development* 9 (1), 1–3.

Nöth, D. (2022). Schulprogramme für eine nachhaltige Umsetzung von Bildung für nachhaltige Entwicklung: Ein Beispiel aus der

Praxis. In: Surkamp, C. (Hrsg.). *Bildung für nachhaltige Entwicklung im Englischunterricht: Grundlagen und Unterrichtsbeispiele*. Hannover: Klett/Kallmeyer, 116–132.

Nussbaum, M. (1994). Patriotism and Cosmopolitanism. In: *Boston Review* 19 (5), o. S.

Nussbaum, M. (1996). *For love of country?* Boston: Boston Press.

Ojala, M. (2017). Hope and anticipation in education for a sustainable future. *Futures* 94, 76–84.

O'Loughlin, E./Wigamont, L. (2002). *Global Education in Europe to 2015: Strategy, Policies and Perspectives*. Vortrag auf dem Europaweiten Global Education Kongress in Maastricht, Niederlande.

Osler, A./Starkey, H. (2003). Learning for Cosmopolitan Citizenship: Theoretical Debates and Young People's Experiences. In: *Educational Review* 55 (3), 243–254.

Osler, A./Starkey, H. (2005). *Changing Citizenship: Democracy and Inclusion in Education*. Maidenhead: Open University Press.

Osler, A./Starkey, H. (2018). Extending the theory and practice of education for cosmopolitan citizenship. In: *Educational Review* 70 (1), 31–40.

Oxfam. (2015). *Global Citizenship*. Online verfügbar unter: http://oxfam.org.uk/education/global-citizenship, letzter Zugriff: 02.03.2024.

Oxley, L./Morris, P. (2013). Global Citizenship. A Typology for Distinguishing Its Multiple Conceptions. In: *British Journal of Educational Studies* 61 (3), 301–325.

Pashby, K./Sund, L. (2023). *Teaching about ethical global issues*. Online verfügbar unter: https://www.mmu.ac.uk/research/projects/teaching-sustainable-development, letzter Zugriff: 02.12.2023.

Pashby, K./Da Costa, M./Stein, S./Andreotti, V. (2020). A Meta-review of Typologies of Global Citizenship Education. In: *Comparative Education* 56 (2), 144–164.

Pennycook, A. (2008. *Global Englishes and transcultural flows*. London: Routledge.

Peters, M. A./Britton, A./Blee, H. (2008). Introduction. Many Faces of Global Civil Society. Possible Futures for Global Citizenship. In: Peters, M. A./Britton, A./Blee, H. (Hrsg.). *Global Citizenship*

Education. Philosophy, Theory and Pedagogy. Rotterdam: Sense Publishers, 1–13.

Pike, G. (2000). Global Education and National Identity: In Pursuit of Meaning. In: *Theory into Practice* 39 (2), 64–73.

Risager, K. (1998). Language Teaching and the Process of European Integration. In: Byram, M./Fleming, M. (Hrsg.). *Language Learning in Intercultural Perspective: Approaches through Drama and Ethnography.* Cambridge: Cambridge University Press, 242–255.

Robbins, B. (2017). George Orwell, Cosmopolitanism, and Global Justice. In Robbins, B./Lemos Horta, P. (Hrsg.). *Cosmopolitanisms.* New York: New York University Press, 40–58.

Römhild, R. (2021). Climate-Change as Quality Education. In: Bartosch, R. (Hrsg.). *Cultivating Sustainability in Language and Literature Pedagogy. Steps to an Educational Ecology.* London/New York: Routledge, 13–26.

Römhild, R. (2023 a). *Global Citizenship, Ecomedia, and English Language Education.* London/Cham: Palgrave Macmillan.

Römhild, R. (2023 b). Learning languages of hope and advocacy – human rights perspectives in language education for sustainable development. In: *Human Rights Education Review* 6 (1), 9–29.

Roemhild, R./Gaudelli, W. (2021). Climate-Change as Quality Education. Global Citizenship Education as a Pathway to Meaningful Change. In: Iyengar, R./Kwauk, C. T. (Hrsg.). *Curriculum and Learning for Climate Action: Toward an SDG 4.7 Roadmap for Systems Change. UNESCO-IBE Book Series.* Leiden: Brill, 104–119.

Römhild, R./Gaudelli, W. (2022). Target Country, Target Culture – Rethinking Cultural Learning in Language Education for Sustainable Development. In: *Anglistik. International Journal of English Studies* 33 (3), 15–32.

Römhild, R./Marxl, A./Matz, F./Siepmann, P. (Hrsg.) (2023). *Rethinking Cultural Learning – Cosmopolitan Perspectives on Language Education.* Trier: WVT.

Römhild, R./Matz, F. (2021). Cultural Learning for and through Global Englishes. In: Callies, M./Hehner, S./Meer, P./Westphal, M. (Hrsg.). *Glocalising Teaching English as an International Langua-*

ge. New perspectives for teaching and teacher education in Germany. New York: Routledge, 139–157.

Römhild, R./Meer, P. (2023). Global Englishes and Cosmopolitan Citizenship Education. Current Trajectories and Alternative Perspectives. In: Römhild, R./Marxl, A./Matz, F./Siepmann, P. (Hrsg.). *Rethinking Cultural Learning – Cosmopolitan Perspectives on Language Education.* Trier: WVT, 137–153.

Römhild, R./Siepmann, P./Bruns, J. (2023). English Language Education for Sustainable Development. In Römhild, R./Marxl, A./Matz, F./Siepmann, P. (Hrsg.). *Rethinking Cultural Learning – Cosmopolitan Perspectives on Language Education.* Trier: WVT, 209–227.

Römhild, R./Surkamp, C. (i. V., 2024). *Der Fremdsprachliche Unterricht Englisc*h (FUE): *Hope & Advocacy* (191).

Sant, E./Davies, I./Pashby, K./Shultz, L. (2018). *Global Citizenship Education. A Critical Introduction to Key Concepts and Debates.* London/New York: Bloomsbury.

Schattle, H. (2008). Education for Global Citizenship. Illustrations of Ideological Pluralism and Adaptation. In: *Journal of Political Ideologies* 13 (1), 73–94.

Schattle, H. (2012). *Globalization and Citizenship.* Washington: Rowman & Littlefield Publishers.

Schultz, A. (2023). Organisation and Internationalising the Curriculum. In: Schultz, A./Blom, M. (Hrsg.). *Global Citizenship Education in Praxis. Pathways for Schools.* Bristol: Multilingual Matters, 27–42.

Schultz, A./Blom, M. (Hrsg.) (2023). *Global Citizenship Education in Praxis. Pathways for Schools.* Bristol: Multilingual Matters.

Schulze-Engler, F. (2002). Transnationale Kultur als Herausforderung für die Literaturwissenschaft. In: *Zeitschrift für Anglistik und Amerikanistik* 50 (1), 65–79.

Shultz, L. (2007). Educating for Global Citizenship: Conflicting Agendas and Understandings. In: *Alberta Journal of Educational Research* 53 (3), 248–258.

Shultz, L. (2021). Global Citizenship Education as a Counter Colonial Project: Engaging Multiple Knowledge Systems for Transformational Change. In: Bosio, E. (Hrsg.). *Conversations on Global Citizenship Education. Perspectives on Research, Teaching, and Learning in Higher Education*. New York: Routledge, 37–44.

Siepmann, P. (2016). *Inter- und Transkulturelles Lernen im Englischunterricht der Sekundarstufe II. Das didaktische Modell der Transnational Cultural Studies in Theorie und Unterrichtspraxis*. Frankfurt a. M.: Peter Lang.

Siepmann, P./Römhild, R./Marxl, A./Becker, D./Matz, F. (2023). (Re-)Discovering Cosmopolitanism for Language Education: An Introduction. In: Römhild, R./Marxl, A./Matz, F./Siepmann, P. (Hrsg.). *Rethinking Cultural Learning – Cosmopolitan Perspectives on Language Education*. Trier: WVT, 1–18.

Smith, M. J./Pangsapa, P. (2008). *Environment and Citizenship. Integrating Justice, Responsibility and Civic Engagement*. London: Zed Books Ltd.

Spivak, G. C. (2004). Righting Wrongs. In: *South Atlantic Quarterly* 103 (2–3), 523–581.

Starkey, H. (2015). *Learning to Live Together. Struggles for citizenship and human rights education*. London: UCL Institute of Education Press.

Starkey, H. (2022). Challenges to Global Citizenship Education: Nationalism and Cosmopolitanism. In: Lütge, C./Merse, T./Rauschert, P. (Hrsg.). *Global Citizenship in Foreign Language Education. Concepts, Practices, Connections*. New York: Routledge, 62–78.

Starkey, H. (2023). Human Rights Education and Language Education. In: Römhild, R./Marxl, A./Matz, F./Siepmann, P. (Hrsg.). Rethinking Cultural Learning – Cosmopolitan Perspectives on Language Education. Trier: WVT, 65–78.

Stein, S. (2015). Mapping Global Citizenship. In: *Journal of College and Character* 16 (4), 242–252.

Stein, S./Andreotti, V. (2021). Global Citizenship Otherwise. In: Bosio, E. (Hrsg.). *Conversations on Global Citizenship Education. Perspectives on Research, Teaching, and Learning in Higher Education*. New York: Routledge, 13–36.

Surkamp, C. (Hrsg.) (2022 a). *Bildung für nachhaltige Entwicklung im Englischunterricht: Grundlagen und Unterrichtsbeispiele*. Hannover: Klett/Kallmeyer.

Surkamp, C. (2022 b). Blick nach vorn: Der Beitrag des Englischunterrichts im Kontext einer Bildung für nachhaltige Entwicklung. In: Surkamp, C. (Hrsg.). *Bildung für nachhaltige Entwicklung im Englischunterricht: Grundlagen und Unterrichtsbeispiele*. Hannover: Klett/Kallmeyer, 20–41.

Tarozzi, M. (2021). Educating for global citizenship in diverse and unequal societies. In: Bosio, E. (Hrsg.). *Conversations on Global Citizenship Education. Perspectives on Research, Teaching, and Learning in Higher Education*. New York: Routledge, 89–102.

Tarozzi, M. (2023). Futures and hope of global citizenship education. In: *International Journal of Development Education and Global Learning* 15 (1), 44–55.

Tarozzi, M./Bourn, D. (Hrsg.) (2023). *Pedagogy of hope for global social justice. Sustainable futures for people and the* planet. London: Bloomsbury.

Tomlinson, J. (1999). *Globalization and Culture*. Cambridge: Polity.

Torres, C. A. (2017). *Theoretical and empirical foundations of critical global citizenship education*. Abingdon: Taylor & Francis.

Torres, C. A. (2023). Global citizenship education and sustainability as real utopias. In Tarozzi, M./Bourn, D. (Hrsg.). *Pedagogy of hope for global social justice. Sustainable futures for people and the* planet. London: Bloomsbury, 13–29.

Treichel, D. (2011). Kulturelle Kompetenzen. In: Treichel, D./Mayer, C.-H. (Hrsg.). *Lehrbuch Kultur. Lehr- und Lernmaterialien zur Vermittlung kultureller Kompetenzen*. Münster: Waxmann, 270–284.

[UN] United Nations. (2015). *Transforming our World: the 2030 Agenda for Sustainable Development. United Nations Sustainable knowledge platform. Sustainable Development Goals*. New York: United Nations.

UNESCO. (2014). *Global citizenship education: Preparing learners for the challenges of the 21st century*. Paris: UNESCO.

UNESCO (2015). *Global citizenship education: Topics and learning objectives*. Online verfügbar unter: http://www.unesco.org/new/en/media-services/single-view/news/global_citizenship_education_topics_and_learning_objectives/#.VWE8X5NVikp, letzter Zugriff: 03.04.2024.

UNESCO (2017). *Education for Sustainable Development Goals. Learning Objectives*. Online verfügbar unter: https://www.unesco.de/sites/default/files/2018-08/unesco_education_for_sustainable_development_goals.pdf, letzter Zugriff: 02.12.2023.

UNESCO. (2019). *Educational Content Up Close. Examining the Learning Dimensions of Education for Sustainable Development and Global Citizenship Education*. Paris: UNESCO.

UNESCO. (2021). *Teachers Have their Say. Motivation, Skills and Opportunities to Teach Education for Sustainable Development and Global Citizenship*. Paris: UNESCO and Education International.

Valencia Sáiz, A. (2005). Globalisation, Cosmopolitanism and Ecological Citizenship. In: *Environmental Politics* 14 (2), 163–178.

Weenink, D. (2008). Cosmopolitanism as a Form of Capital. Parents Preparing their Children for a Globalizing World. In: *Sociology* 42 (6), 1089–1106.

Welsch, W. (1992). Transkulturalität. Lebensformen nach der Auflösung der Kulturen. In: *Information Philosophie* 20 (2), 5–20.

Welsch, W. (1999). Transculturality – the Puzzling Form of Cultures Today. In: Featherstone, M./Lash, S. (Hrsg.). *Spaces of Culture. City, Nation, World*. London: Sage, 194–213.

Welsch, W. (2010). Was ist eigentlich Transkulturalität? In Darowska, L./Machold, C. (Hrsg.). *Hochschule als transkultureller Raum? Beiträge zu Kultur, Bildung und Differenz*. Bielefeld: Transcript, 39–66.

Wintersteiner, W. (2021). Deutschunterricht als Global Citizenship Education. Ein Vorschlag zum Mit- und Weiterdenken. In: Wintersteiner, W./Zelger, S. (Hrsg.). *Global Citizenship Education im Deutschunterricht. ide* 4, 10–21.

Wu, M. (2020). Second language teaching for global citizenship, Globalisation, *Societies and Education* 18 (3), 330–342,

Wu, M./Römhild,R./Nishizaki, M. (i. V.). Teaching English as an International Language for Global Citizenship. In: Galloway, N./Selvi, A. F. (Hrsg.): *The Routledge Handbook of English as an International Language*. New York: Routledge.

Zirfas, J./Göhlich, M./Liebau, E. (2006.) Transkulturalität und Pädagogik. Ergebnisse und Fragen. In Göhlich, M./Leonhard, H. W./

Liebau, E./Zirfas, J. (Hrsg.). *Transkulturalität und Pädagogik. Interdisziplinäre Annährungen an ein kulturwissenschaftliches Konzept und seine pädagogische Relevanz.* Weinheim: Juventa, 185–194.